Max Sachse

Über das Leben und die Lieder des Troubadours Wilhelm IX, Graf von Poitou

Max Sachse

Über das Leben und die Lieder des Troubadours Wilhelm IX, Graf von Poitou

ISBN/EAN: 9783743351639

Hergestellt in Europa, USA, Kanada, Australien, Japan

Cover: Foto ©ninafisch / pixelio.de

Manufactured and distributed by brebook publishing software
(www.brebook.com)

Max Sachse

Über das Leben und die Lieder des Troubadours Wilhelm IX, Graf von Poitou

UEBER DAS LEBEN UND DIE LIEDER DES TROUBADOURS WILHELM IX., GRAF VON POITOU.

INAUGURAL-DISSERTATION

ZUR

ERLANGUNG DER PHILOSOPHISCHEN DOCTORWÜRDE

AN DER

UNIVERSITÄT LEIPZIG

VON

MAX SACHSE.

LEIPZIG.
VERLAG VON EDWIN SCHLÖMP.
1882.

Sr. Excellenz

dem General-Intendanten der Königl. Schauspiele

Kammerherrn von Hülsen

Ritter hoher Orden

in hochachtungsvoller Verehrung

-

gewidmet.

Die 11 erhaltenen Lieder Wilhelm IX. von Poitou.

I) **Un vers farai pos me sommelh**; vgl. L. B.[1]) p. 105; M. G.[2]) p. 103. No. 173b (nicht wie Bartsch' Grundriss angeg. 174); Heyse[3]) p. 9; R.[4]) V. 118; M. W.[5]) 1, 5; H. & K.[6]) p. 16 (die Angaben für H. & K. fehlen in Bartsch' Grundriss ganz; für M. W. finden sich daselbst die Angaben unvollständig und fehlen für IV, V, VI).

II) **Farai un vers de dreit nien**; vgl. L. B. p. 46; M. G. p. 104. No. 175; P. O.[7]) p. 1; M. W. 1, 3; H. & K. p. 22.

III) **Pos vezem de novelh florir**; M. G. p. 106, No. 178; R. V. 117 (auch diese Angabe fehlt in Bartsch' G.); H. & K. p. 30.

IV) **Ben voill que sapchon li pluzor** Chr.[8]) p. 25; M. G. p. 101. No. 170; R. V. 116; M. W. 1, 4; H. & K. p. 7.

V) **Companho tan ai agutz d'avols conres**; M. G. p. 102, No. 172; M. W. 1, 6; H. & K. p. 12.

VI) **Companho farai un vers covinen**; M. G. p. 102, No. 171; R. V, 115; M. W. 1, 8; H. & K. p. 10.

VII) **Companho non pose mudar qu'eo nom effrei**; Chr. p. 29; L. B. p. 47; M. G. p. 180, No. 296.

VIII) **Farai chansoneta nueva**; M. G. p. 104, No. 174; Chr. p. 28; L. B. p. 45; R. III, 1; M. W. 1, 2; H. & K. p. 20.

---

[1]) L. B. (die Abkürzungen nach Bartsch, Grundriss der prov. Literatur) = Bartsch, provenzalisches Lesebuch, Elberfeld 1855.
[2]) M. G. = Mahn, Gedichte der Troubadours. Berlin 1846.
[3]) Heyse = Heyse, Romanische Inedita, gesammelt auf italien. Bibliotheken, Berlin 1856.
[4]) R. = Raynouard, Choix des poésies originales des troubadours, Paris 1816—1820.
[5]) M. W. = Mahn, Werke der Troubadours, Berlin 1846.
[6]) H. & H. = Holland & Keller, Wilhelm's IX. von Poitou Lieder, Tübingen 1850.
[7]) P. O. = Parnasse occitanien par Rochegude, Toulouse 1819.
[8]) Chr. = Bartsch, Chrestomathie provençale, Elberfeld 1880.

IX) Ab la dolchor del temps novel: M. G. p. 180. No. 297:
L. B. p. 47.
X) Mot jauzens me prenc en amar: M. G. p. 105, No. 176:
L. B. p. 45: R. III. 3; M. W. 1. 1: H. & K. p. 25.
XI) Pus de chantar m'es pres talens: Chr. p. 30; L. B.
p. 87; M. G. p. 106. No. 177; Muss.[1]) p. 438: R. IV. 83; M. W. 1, 7:
H. & K. p. 27.

XII) Eu aissi cum son plus car: M. G. p. 103, No. 173;
L. R.[2]) p. 321; M. W. 1. 9; H. & K. p. 13.

---

[1]) Muss. = Mussafia, Del codice Estense di rime provenzali, Sitzungs-
bericht d. kaiserl. Acad. d. Wissensch., phil.-hist. Klasse LV. Bd., Heft II.
1867, Februar.
[2]) L. R. = Lexique Roman ou dictionnaire de la langue des troubadours
par Raynouard, Paris 1836 ff.

I. Abschnitt.

Einleitung.

In allen Geschichten und Abrissen der provenzalischen Poesie wird mit Recht hervorgehoben, wie uns die Dichtungen derjenigen Troubadours, deren Lieder wir als die frühesten Proben provenzalischer Lyrik besitzen, in verhältnissmässig so vollendeter Form entgegentreten, dass wir voraussetzen müssen, es habe eine uns leider verloren gegangene Poesie bereits vor diesen ältesten Troubadours bestanden. Darauf weisen auch einzelne Andeutungen in den Gedichten Wilhelm's IX. von Poitou (des ältesten uns bekannten Troubadours) hin, wie beispielsweise seine Anspielung in IV [1]) Strophe 2, Vers 4—7:

> E sim partetz un juec d'amor
> No suy tan fatz
> Non sapcha triar lo melhor
> Entr' els malvatz:

daraus erhellt, dass sogar eine complicirtere Dichtungsart, wie die Tenzone, schon vor Wilhelm's Zeit geübt wurde. Jedenfalls nun gab es vor unserem Dichter eine durchaus volksthümliche Lyrik, wie dies in Abschnitt IV dieser

---

[1]) Die röm. Nummern der Gedichte beziehen sich auf das Verzeichniss S. V.

Schrift, gelegentlich der Besprechung der Metren von Wilhelm's Liedern sich zeigen wird. Aus dieser volksthümlichen Lyrik entwickelte sich aber vielleicht gerade zur Zeit, wo unser Dichter seine Poesieen verfasste, die Kunstlyrik; ja für uns (da uns Lieder von Troubadours, die mit Wilhelm gleichzeitig dichteten, z. B. Ebles von Ventador, nicht erhalten sind) bildet Wilhelm in seinen Gedichten fast allein den Uebergang, wie dies auch an seinen Liedern deutlich erkennbar ist. Dieser Umstand muss naturgemäss das Interesse an Wilhelm von Poitou's Dichtungen bedeutend erhöhen, denn die Formen der Wilhelm der Zeit nach nahe stehenden Troubadours, wie Cercamon, Guiraud le Roux, Marcabrun, Bernard von Ventador, zeigen durchaus nicht mehr so offenbare volkslyrische Eigenthümlichkeiten, wie diejenigen unsres Troubadours.

Um so verwunderlicher muss es erscheinen, dass gerade die Lieder Wilhelm's IX. von Poitou noch nicht Gegenstand einer vollständigen Sammlung, einer eingehenden Betrachtung, sowie einer womöglich kritischen Textausgabe geworden sind, denn Wilhelm ist nicht nur der älteste bekannte Troubadour, sondern es beginnt sogar mit ihm die gesammte romanische Kunstlyrik im Allgemeinen, bei ihm zeigen sich gemischt volkslyrische — aber auch schon bewusst kunstlyrische Formen, worüber ich im Abschnitt IV eingehend handeln werde.

Allerdings giebt es unter dem Titel „Ueber das Leben und die Werke des Troubadours Wilhelm IX. von Poitou" eine Schrift von Dr. Carl Barth, gedr. bei Fünfstück. Hildesheim 1879; doch wenn der Verfasser dieses Werkchens auch die von Diez angegebenen historischen Quellen kennt und in meist genügender Weise benutzt, so ist hingegen das über die Gedichte selbst und nun gar erst das über das Metrische derselben Gesagte nicht genügend für die bescheidensten Ansprüche. Jeder kann bei Diez, Fauriel und Raynouard dies Alles viel besser und klarer finden, und von einem selbstständigen Eingehen auf den

Gegenstand, einer Beherrschung des Stoffes ist bei Barth auch nicht entfernt die Rede [1]).

Herausgegeben sind Wilhelm's IX. von Poitou Lieder von Holland und Keller, und zwar in zwei Schriftchen.

---

[1]) Vielmehr scheint Dr. Barth des Provenzalischen überhaupt kaum mächtig zu sein, denn er bezeichnet z. B. eine Uebersetzung der Str. 1 von X als „möglichst wörtlich" und giebt
Zeile 1 „amar" mit „Leben"
„ 4 „anar" mit „geben".
Ueber die Art der Arbeit selbst giebt u. A. folgender Umstand Aufschluss: Barth (p. 29) heisst es:
„Bartsch hat in seinem Grundriss der prov. Literatur p. 137 unter die Werke des Grafen von Poitou noch einige Gedichte aufgenommen, die ich nicht übergehen darf. Raynouard hat dieselben in seinen „Choix des Troubadours" nicht aufgenommen, weil er sie für Gedichte anderer Troubadours hält*): „Ab la doussor del temps novel" und „Companho non puesc mudar qu'eo nom effrei" finden sich nur in der Hs. N. Von „Companho, tant ai agutz d'avols conres" ist nur die letzte Strophe bei Raynouard und Mahn (cf. Werke) aufgenommen. Dieses Lied findet sich auch nur in einer Hs. nämlich E". Dies ist die Besprechung dreier Lieder Wilhelm's bei Barth! — Ferner bespricht Barth in seinem 1879 gedruckten Schriftchen Wilhelm's Lieder nach M. W., einem anno 1846 erschienenen Buche, das, wie Mahn in der Vorrede dazu p. XXX ausdrücklich bemerkt, „die Texte genau nach Raynouard, Rochegude u. A. wiedergiebt" — also die Errungenschaften Raynouard's aus dem Jahre 1818 und Rochegude's aus dem Jahre 1819 enthält, während seit dem Abdrucke von Liedern unsres Troubadours theils nach den Hss. durch Heyse, Mussafia und Mahn (s. u.), theils in fast kritischen Texten von Bartsch (Chrestomathie und Lesebuch) und annähernd auch von Holland und Keller (s. u.) gegeben wurden. Auch das seiner Verfasserschaft nach fragliche Gedicht „Enaissi cum son plus car" (von B. G. bereits Uc de San Circ beigelegt, indessen ohne Angabe der Gründe) bespricht Barth (p. 28) und zwar folgendermassen:
„Wir haben es hier mit einem unechten Gedichte zu thun"; dann aber heisst es acht Zeilen weiter: „Wir vermögen nicht zu entscheiden wer der Verfasser ist"!

---

*) Es ist mir nicht möglich gewesen, die Stelle im „Choix" zu finden, wo Raynouard dies ausspricht.

welche 1840 resp. 1850 in Tübingen bei Fües erschienen. Diese Ausgabe ist indessen für jetzige Ansprüche als unzureichend zu bezeichnen, da den Verfassern noch nicht das gesammte hs. Material bekannt und zugänglich war und sie nur 9 Werke unseres Troubadours (ausschliesslich des fraglichen „Enaissi cum son plus car") kennen, und ihren Text auch nur nach zwei Hss. (C und E) unter Zugrundelegung der Texte Raynouard's zusammenstellten, während über das Leben und die Werke selbst bei Holland und Keller nichts gegeben wird.

Wir kennen heut aber 11 Lieder Wilhelm's, bei denen die Autorschaft keinem Zweifel unterliegt, während bezüglich eines 12. (Enaissi cum son plus car), das ihm beigelegt wird, ich in Abschnitt II den Beweis erbracht zu haben glaube, dass dies Gedicht nur Uc de San Circ zugeschrieben werden darf[1]). Sämmtliche Gedichte Wilhelm's von Poitou sind genau nach den Hss. bei Mahn, Gedichte der Troubadours abgedruckt und zwar die in der Anmerkung besprochene Tenzone, sowie das fragliche „Enaissi cum son plus car" mit eingeschlossen. Indessen sind in M. G. eilf der Lieder Wilhelm's ausschliesslich nach Pariser Hss. und zwei je einmal nach der Cheltenhamer Hs. N abgedruckt, welche letztere aber nicht nur diese beiden Gedichte doppelt, sondern auch noch vier andre obiger eilf enthält. Die Estensische Hs. D, welche für zwei, die

---

[1]) Die „Opere" des Conte Galvani (Fiore di storia litteraria e cavalleresca della Occitania. Milano 1845) enthalten eine angeblich von Wilhelm von Poitou und Ebles de Ventador gedichtete Tenzone (auch in M. G. zweimal und zwar p. 107 No. 179 nach Galvani und p. 180 No. 298 nach der Par. Hs. I abgedruckt, und in B. G. als No. 9 der Lieder Wilhelm's von Poitou aufgeführt). Diese Tenzone nun ist nach Suchier (Ebert's Jahrb. für roman. und engl. Sprache und Literatur, Neue Folge II. Bd. XIV der ganzen Reihe S. 120 „Ueber den Troubadour Marcabru") von Ebles und Gui d'Uisel gedichtet, und hat Galvani die in D befindliche Ueberschrift: „de n'Ebles e de son seignor" in seinem Abdruck eigenmächtig durch ein „Io coms peitavins" vervollständigt.

Venetianische Hs. V, welche für ein Gedicht Wilhelm's noch in Betracht kommen, sind beide in M. G. nicht abgedruckt. In Alteserra (Rerum aquitanicarum libri quinque, 1657, Toulouse) finden sich Bd. II p. 498 ff. zwei Lieder Wilhelm's abgedruckt, aber in einer für die Textkritik werthlosen, nur für die Inhaltsveranschaulichung berechneten Art und Weise; Millot (Histoire des Troubadours, 3 Bde., Paris 1774) spricht von neun ihm bekannten Liedern Wilhelm's, geht aber (natürlich ausschliesslich dem Inhalte nach) nur auf die Romanze I ein, während II, IV, VI, VIII und XI nur oberflächlich berührt werden. Papon (Histoire générale de Provence, 1777—1786, Paris) erwähnt Bd. II p. 426 diese selben Gedichte ganz nach Millot, während die Histoire littéraire de la France Wilhelm's dichterischer Thätigkeit nur ganz flüchtig unter Citirung einzelner Zeilen aus seinen Liedern gedenkt. Raynouard (Choix des poésies originales des Troubadours, 5 Bde., 1816—1820, Paris bei Didot) giebt an verschiedenen Stellen 7 Lieder Wilhelm's meist vollständig (unter Auslassung einzelner, zu anstössiger Verse, sowie einzelne Zeilen resp. Strophen aus drei anderen Gedichten unseres Troubadours. Die ganz abgedruckten sind I, III, IV, VI, VIII, X, XI. In Rochegude (Le parnasse occitanien, 1819, Toulouse) findet sich nur II; Fauriel (Historie de la poésie provençale, 3 Bde., 1846, Paris) spricht von 10 Gedichten Wilhelm's, von denen er zwei, ohne sie näher anzugeben, als apocryph bezeichnet: dieselben befänden sich in einigen Hss. unter anderen Namen als dem des Grafen von Poitou. Mit dem einen dieser fraglichen Gedichte ist zweifellos das mehrfach erwähnte „Enaissi cum son plus car" gemeint, während Fauriel uns bezüglich des andren gänzlich darüber im Unklaren lässt, welches ihm vorschwebt: vielleicht meinte er die Tenzone (Galvani's „Opere" erschienen 1845) und war ihm die obenerwähnte Interpolation des „lo coms peitavins" durch Galvani, die Suchier neuerdings nachgewiesen, bereits bekannt. Bei Diez (Leben und Werke der Troubadours, 1829, Zwickau) finden sich (Diez kannte nur 9 Lieder Wilhelm's) acht Lieder zum Theil eingehend besprochen (I, II, III, IV, VI, VIII, X, XI) und vier davon fast vollständig in meisterlicher Weise metrisch ins Deutsche übertragen. Bei Paul Heyse „Romanische Inedita auf italienischen Bibliotheken gesammelt" (Berlin 1856, Hertz), sowie Mussafia (Del codice Estense di rime provenzali, Sitzungsber. der kaiserl. Academie d. Wissensch., phil. hist. Classe, LV. Bd.. Heft II. 1867 Februar) p. 438 findet sich je ein Lied unseres Troubadours nach d. Hs. abgedruckt und zwar bei Heyse (p. 9.) I (nach Hs. V) und bei Mussafia XI nach D. Bartsch' Provenzalisches Lesebuch, 1855, Elberfeld, enthält sieben (I, II, VII, VIII, IX, X, XI), desselben Verfassers Chrestomathie provençale, 1880, Elberfeld, vier Lieder (VI, VII, VIII, XI) unseres Troubadours. Mahn (Werke der Troubadours, 1846, Berlin) enthält 9 Gedichte Wilhelm's von Poitou und zwar I, II, III, IV, VI, VIII, X, XI, sowie das zweifelhafte XII (Enaissi cum son plus car), welches letztere sich auch in Raynouard (Lexique Roman, Paris, 1863, 6 Bde.) I p. 321 findet. Eine ziemlich oberflächliche Besprechung der Dichtungen Wilhelm's findet sich auch bei Balaguer (Historia de los trovadores, 1879, Madrid), welche Arbeit indessen fast ausschliesslich auf Raynouard und Fauriel basirt ist.

Es bleibt mir nur noch einiges rücksichtlich der Werke zu sagen, über welche ich zur Lebensbeschreibung unseres Troubadours verfügen konnte, und über die Gesichtspunkte, von denen aus ich das vorhandene Material benutzte. Alteserra, Papon, die Histoire du Languedoc (Devic und Vaissette, Toulouse 1876), L'Art de vérifier les dates, sowie Wilken's Geschichte der Kreuzzüge (Leipzig 1813) basiren alle hauptsächlich auf Guillelmus Malmesburiensis (ganz vereinzelt auf Ordericus Vitalis und Guillelmus Tyroniensis), während Besly (Histoire des comtes de Poitou, 1647, Paris) sich hauptsächlich auf einen anderen Zeitgenossen des Grafen, nämlich Gottfried, Abt von Vendôme, stützt. Letztere beide Autoren nun — Besly und dessen Quelle Gottfried von Vendôme — sind von mir nicht verwerthet worden. Es ist nämlich urkundlich durch erhaltene Briefe des Abtes Gottfried an den Papst erwiesen, dass dieser Prälat nur zum Besten seines Klosters Lobeserhebungen über Wilhelm IX. niederschrieb, indem der grösste Theil der Klosterpfründen Gottfried's in Graf Wilhelm's Gebiete gelegen waren. Goffridus Abbas Vindocinensis bekennt dies selbst, indem er Lib. I ep. 9 sagt: „Pervenit enim ad aures vestras nescio cujus relatione, me persecutoribus ecclesiae et comiti Pictaviensium participare, quod Deus scit numquam feci, nec paternitatem vestram optassem, de me hujusmodi rem cedidisse, haec namque seminavit inimicus homo, et fallaciae spiritus erat in eo, monasterium si quidem nostrum, quicquid melius habet, et unde penitus vivimus, in terra comitis Pictaviensis noscitur habere et ideo mutare non possum quin aliquando cumeo loquar, sed testem in animam meam invoco spiritum sanctum hoc necessitate fit monasterii nostri, non mea voluntate. Occasione quondam accepta quia praedecessor noster non potuit ad eam venire, vel noluit, quandam nobis abstulit obedientiam, quam me postea viginti quinque milia solidorum redimere oportuit, in quibus tamen me ab excommunicato debeo abstinere, si ei communicavi, vel quamdiu fuerit excommunicatus communicavero, numquam mihi a Deo illius peccati fiat remissio." Diesen Brief erwähnt schon Alteserra (II p. 497) und nach ihm die Histoire littéraire de la France (XI p. 39 und XIII p. 43). Ich schliesse mich in der Uebergehung der, übrigens ziemlich vagen, Lobeserhebungen des Gottfried von Vendôme dem Vorgange aller Autoren an, die über Wilhelm IX. gehandelt haben (mit alleiniger Ausnahme von Besly, der sich auf Goffridus Vindocinensis stützt). Papon sagt (p. 425) gegenüber Besly, der Wilhelm von Malmesbury als „Engländer" bezüglich seiner Nachrichten über Wilhelm verdächtigt: „Il est certain, que le moine de Malmesbury, écrivain anglais et par un vice de sa nation, presqu'aussi ancien, que la nation même, ennemi ou jaloux de la nôtre, fait rarement grâce à nos princes, quand il les trouve en faute. Mais, si à quelques égards il fut injuste envers celui, dont il s'agit, il faut avouer, que Besly à son tour manque de bonne foi dans les inductions, qu'il tire de quelques termes vagues de Geoffroi de Vendôme."

Allerdings kann nun hier die Frage aufgeworfen werden, ob nicht vielleicht Wilhelm von Malmesbury nur nach dem Inhalte der Lieder Wilhelm's von Poitou, die ihm zu Gesicht oder zu Gehör gekommen [1]), die Daten über des Grafen Wilhelm Character wenn nicht verfasst, so doch wesentlich verschärft habe. Darauf ist zu erwidern, dass Wilhelm von Malmesbury grade als Zeitgenosse unseres Troubadours gewiss aus mündlicher Ueberlieferung genug über Graf Wilhelm IX. vernommen hatte, als dass er nöthig gehabt hätte, aus Wilhelm's Liedern Stoff und Anhaltepunkte für seine biographischen Skizzen zu schöpfen, oder aber danach Märchen zu erfinden.

Schliesslich dürfte noch schwer ins Gewicht fallen, dass des Mönches von Malmesbury Werk — eine anerkannte historische Quelle — bestimmte und prägnante Thatsachen, wie auch Graf Wilhelm's Excommunicirung genau angiebt [2]). Besly glaubt dies Factum ganz verschweigen zu sollen, er benutzt vielmehr für seine Darstellung nur einige ganz unbestimmte, gelegentliche Lobeserhebungen des Abtes von Vendôme, die um so weniger Werth haben, als ja die allgemeine Sittenlosigkeit unter den Fürsten der damaligen Zeit hinreichend bekannt ist, wie uns das Beispiel Philipp's I. von Frankreich zeigt, welcher dreimal mit dem Interdict belegt wurde und sich

---

[1]) Wilhelm von Malmesbury lebte 1096—1143, war also noch Zeitgenosse Wilhelm's von Poitou.
[2]) Die ja auch Goffridus Vindocinensis erwähnt (s. o.).

dennoch nicht von Bertrada von Montfort trennte, trotzdem dieselbe von ihrem rechtmässigen Gatten Folco von Anjou nicht geschieden war. Ich beziehe mich also auf Gottfried von Vendôme und Besly nicht, während Wilhelm von Malmesbury und Ordericus Vitalis an der betreffenden Stelle meines Lebensabrisses citirt sind. Auch den „Vies des poètes provenceaux etc. von Nostradamus, 1875, Lyon, benutzt und neu herausgegeben von Crescimbeni (Commentarj del canonico G. M. Crescimbeni intorno alla sua istoria della volgar poesia, Rom 1774) habe ich keine Beachtung geschenkt, da die Unzuverlässigkeit der Lebensbeschreibungen des Nostradamus, trotzdem er der Zeit nach den Troubadours um 300 Jahre näher stand als wir, mehrfach zur Evidenz nachgewiesen worden ist.

II. Abschnitt.

Leben und Lieder (dem Inhalte nach) **des Troubadours Wilhelm IX., Graf von Poitou** (als Herzog von Aquitanien Wilhelm VII.) zubenannt „der Junge"[1]).

Es ist ein eigenthümlicher Zufall, dass der erste provenzalische Troubadour, von dessen Werken wir Kenntniss haben, eigentlich gar kein Provenzale war, indem sein Geburtsland sowie seine fürstliche Stammherrschaft, die Grafschaft Poitou, nördlich der gewöhnlich als Scheidelinie zwischen provenzalischem und nordfranzösischem Sprachgebiete angegebenen Grenze lag, welche im Grossen und

---

[1]) Die frühere Ausgabe von L'art de vérifier les dates nennt ihn „der Alte", was indessen durch die Ausgabe von 1818 ganz widerlegt wird.

Ganzen[1]) durch eine Linie von der Mündung der Gironde bis nach Lausanne in der Schweiz gebildet wird. Die Länder indessen, welche ausser Poitou damals den Grafen von Poitou, Herzogen von Aquitanien, gehörten, sind: die Gascogne, das Limousin, Berry und Angoulême, so dass Graf Wilhelm IX. nicht in dem Dialecte seines Mutterlandes seine Poesieen verfasste, da man wohl das Limousinische als die Mundart betrachten muss, in welcher er dichtete. Bei der erlauchten Geburt unseres Troubadours ist es nicht nöthig, die ungefähren Daten seiner Geburt und seines Todes in der Weise festzustellen, wie dies bei anderen provenzalischen Dichtern oft aus Andeutungen oder Nichterwähnen gleichzeitiger historischer Daten in ihren Werken oder aus Erwähnungen in den Liedern späterer Troubadours geschehen muss. L'Art de vérifier les dates (Bd. X. p. 105) giebt genau den 22. October 1071 als seinen Geburtstag an. Seine Eltern waren: Wilhelm VIII., genannt Guy-Geoffroi (als Herzog von Aquitanien der VI.) Graf von Poitou, und dessen dritte Gemahlin Hildegarde, Tochter Robert's I. von Burgund. Was das Geschlecht betrifft, dem Wilhelm IX. entsprossen, so ist geschichtlich, dass im Jahre 778 Carl der Grosse nach seinem spanischen Feldzuge nicht nur die sogenannte spanische Mark zum Schutze gegen die Sarazenen schuf, sondern dass er auch gleichzeitig in verschiedenen Districten Aquitaniens Grafen ernannte, welche an seiner Stelle über etwaige Aufstände wachen, äusseren Feinden widerstehen, sowie die Justiz- und Kron-Rechte wahrnehmen sollten. Diesen Grafen waren die Herzöge von Aquitanien vorgesetzt, welchen Titel Carl der Grosse ursprünglich den Grafen von Toulouse verlieh, mit welchem ihn in der Folge die Grafen von Poitou theilten. Daher stammen die verschiedenen Ziffern bei dem Namen Wilhelm, Grafen von Poitou, was Millot und Papon nicht

---

[1]) Vgl. Tourtoulon und Bringuier. Etude sur la limite de langue d'oc et langue d'oïl, Paris 1876.

recht erklären. Nach mehrfacher Verleihung der aquitanischen Herzogswürde durch Carl kam dieselbe [1]) 893 durch Ludwig den Frommen an Ranulf I., Sohn Gerhard's von Auvergne; diesem folgte sein Sohn Gerhard II. und diesem sein Bastard Ebolus. Des letzteren Sohn und Nachfolger war Wilhelm, Tête d'Etoupe, der sich 950 zum Herzog von Aquitanien machte. Alle diese Fürsten bewährten sich jederzeit als treue Anhänger der Carolinger, so dass, nachdem die Krone Frankreichs 987 auf Hugo Capet übergegangen, dieser sowie seine nächsten Nachfolger mit den Grafen von Poitou harte Kämpfe zu bestehen hatten, ehe sie von denselben anerkannt wurden. Sowohl bei Wilhelm I., Tête d'Etoupe, als auch bei dessen Sohne Wilhelm II. Fierabras und seinem Enkel Wilhelm III., der Grosse zubenannt, finden wir eine in jener Zeit durchaus nicht seltene Wandlung, welche einen tapferen fürstlichen Haudegen nach unzähligen Kämpfen, Liebes- und Lebensgenüssen plötzlich der Welt entsagen und in einem Kloster sich der frommen Beschaulichkeit hingeben liess. Wilhelm I. zog sich 963 kurz vor seinem Tode in das Kloster St. Cyprien zu Poitiers zurück, das er bald nachher mit der Abtei Saint-Maixent [2]) vertauschte, während Wilhelm II. nach dreissigjähriger Regierung 993 der Krone entsagte und 994 gleichfalls in der Abtei Saint-Maixent starb; auch Wilhelm III. zog sich ein Jahr vor seinem Tode und zwar in das Kloster von Maillezais zurück. Auf diese damals ziemlich verbreitete Sitte, die, wie man sieht, auch in unseres Troubadours Familie heimisch war, komme ich am Schluss dieses Abschnittes gelegentlich der Besprechung des sog. Kreuzliedes unseres Troubadours zurück. —

Aus der Jugendzeit Wilhelm's IX. verlautet nichts bis zum Jahre 1087, wo er seinem durch Frömmigkeit sich auszeichnenden Vater als Wilhelm IX., Graf von Poitou

---

[1]) cfr. Histoire de Languedoc, notes rectificatives Bd. II p. 301.
[2]) So berühmt durch den heiligen Leodegar.

und Wilhelm VII., Herzog von Aquitanien in der Regierung folgte. Er wurde damit neben dem Grafen von Toulouse einer der reichsten Fürsten seiner Zeit, indem seine Lande ausgedehnt und blühend waren. Fortdauernde Fehden im Lande und kleinere Kriege, wie solche dem Character jener Zeit eigenthümlich, erschütterten den Wohlstand Süd-Frankreichs nicht, das erst durch den Albigenserkrieg entsetzlich verheert wurde, während zugleich die Bewohner in ihren Sitten verwilderten. Bei Wilhelm's IX. Regierungsantritte standen seine Vasallen im Vertrauen auf die Jugend ihres Fürsten auf, um aus seiner Unerfahrenheit und vermeintlichen Hilflosigkeit Vortheile für sich zu ziehen; allein trotz seiner Jugend wusste Wilhelm sie mit bewaffneter Hand zu ihrer Lehnspflicht zurückzuführen. Aus dem Jahre 1096 verlautet sodann, dass Graf Wilhelm in einer Versammlung von Kirchenfürsten und Baronen zu Bordeaux in einer Urkunde vom 25. März erklärte, dass er auch den Titel eines Grafen von Toulouse annehme und zwar auf Grund seiner Heirath mit Philippa, (auch Mathilde genannt) der einzigen Tochter Raimund's IV. von Toulouse und Wittwe des Königs Sancho-Ramirez von Aragonien: Wilhelm benutzte den Anlass des Todes Raimund's IV., seines Schwiegervaters, um auf den Besitz der Grafschaft Toulouse gegen Philippa's Onkel, Raimund von St. Gilles, Ansprüche zu erheben. 1098 machte er den in obiger Urkunde enthaltenen Anspruch durch einen Einfall in die Grafschaft Toulose geltend, bei dem er sich hauptsächlich der Stadt Toulouse bemächtigte, was ihm um so leichter gelang, als Raimund V. (von St. Gilles), der anerkannte Graf von Toulouse und Nachfolger Raimund's IV., im gelobten Lande abwesend war [1]). Bertrand,

---

[1]) Die Grafen von Toulouse, in den Albigenserkriegen so grausam verfolgt, waren die begeistertsten Anhänger der Kreuzzüge: nicht weniger als vier Grafen von Toulouse starben in der Zeit von 1093—1148 im gelobten Lande.

Raimund's V. Sohn, von seinem Vater als Stellvertreter in Toulouse eingesetzt, fand nicht überall Gehorsam und Wilhelm IX. benutzte seinerseits die Gegenpartei Raimund's V. für seine Zwecke.

Noch in demselben Jahre fiel Wilhelm im Bunde mit dem Könige von England auch plündernd in die Normandie ein [1]), während seine Gattin Philippa in Toulouse verblieb und im Laufe des Jahres 1099 Wilhelm IX. zwei Söhne [2]) gebar, indem Wilhelm IX. bald von seinem Plünderungszuge zurückkehrte, wie man nach der Chronik von Maillezais annehmen muss. Der erste dieser Söhne, also wohl ganz zu Anfang 1099 geboren, war Wilhelm X., unsres Grafen von Poitou Nachfolger. Im Jahre 1100 liess Wilhelm IX. seine tolosanischen Eroberungen wieder im Stiche, wofür man indessen keinen positiven Grund kennt. Es ist möglich, dass er dazu durch Bertrand und dessen Anhang gezwungen wurde, wogegen indessen der Umstand spricht, dass er [3]) von Raimund von St. Gilles Geld erhielt: wahrscheinlicher ist wohl die Annahme, dass Wilhelm IX. den Bann fürchtete, indem die Päpste ausdrücklich die Länder der für die Kirche im gelobten Lande streitenden Fürsten und Herren in ihren Schutz nahmen und Angriffe auf solche zeitweilig herrenlose Domänen mit dem Bannfluche bedrohten. Aus dem Jahre 1100 weiss man von Wilhelm noch, dass er sich auf dem Concile von Poitiers

---

[1]) So die Hist. du Languedoc, indessen ohne Quellenangabe, da das Citat (Ordericus Vitalis X p. 766 d. Patrol. falsch).

[2]) Vgl. Chronicon Malleacense p. 216 (Hist. du Languedoc Tome IV Note XLIV), wo es heisst: Eo anno (1099) Wilhelmo comiti natus est filius aequivoce Guillermus vocatus ex supradicta conjuge. Habuit quoque quinque filias, quarum unam desponsavit vicecomiti Toarcensi. Novissime genuit apud Tolosam uterinum videlicet Raimundum, qui postea regnavit in Antiochia.

[3]) Dieses Factum stellt die Hist. du Languedoc indessen als fraglich hin, obgleich es von mehreren Schriftstellern (Robert du Mont etc.) behauptet wird.

einer Excommunication Philipp's I. von Frankreich heftig widersetzte [1]), welcher (s. o.) damals zum dritten Male in den Bann gethan wurde. Es entspricht dies, wie wir weiter unten beobachten werden, ganz Wilhelm's IX. Benehmen gelegentlich seiner eigenen, vierzehn Jahre später erfolgenden Excommunication.

Angeblich angespornt durch die Berichte von den Erfolgen des ersten Kreuzzuges (an dem er wohl nicht Theil nahm, da er im eigenen Lande mit der Eroberung von Toulouse genug zu schaffen hatte), nahm er noch im Jahre 1100 zu Limoges das Kreuz. Der wahre Grund zur Kreuzfahrt Wilhelm's war aber wohl der, dass er sich schämte hinter so vielen Standesgenossen zurückzubleiben [2]), ganz und gar aber nicht das fromme Bedürfniss, auf Christi Grabe Erlass seiner Sünden zu erflehen.

[1]) Alteserra II p. 476: „Wilhelmus dux Aquitaniae ejusdem labis sibi conscius paremque poenam sibi imminere intelligens, ac ut Philippo gratificaretur, concilium vi facta dissolvit, alios patrum verberibus, alios probris et minis male multatos fugavit." Alteserra nimmt nämlich an, dass Wilhelm vor seiner Ehe mit Philippa von Toulouse mit Ermengarde von Anjou verheirathet gewesen sei, die er verstossen habe. Es ist diese erste Ehe Wilhelm's mit Ermengarde indess nicht hinlänglich festgestellt, und deshalb von mir auch übergangen worden. Ueberdies brauchte unser Troubadour sich gar nicht „ejusdem labis conscius" zu fühlen, denn sein ganzes Leben ist, wie wir sehen werden, in erotischer Beziehung ein steter Vorwurf für ihn, wie ja auch alle Fürsten der damaligen Zeit der freiesten Auffassung der Ehe huldigten.

[2]) Wie wenig oft von religiösem Eifer bei den Kreuzfahrern die Rede war, beweist das Beispiel des Stephan von Blois (Schwiegersohnes Wilhelm's des Eroberers), der nur, um der allgemeinen Verachtung zu entgehen, das Kreuz nahm und 1101 im gelobten Lande starb. Stephan hatte schon früher im gelobten Lande gekämpft, war dann aber von der Belagerung von Antiochia, welche zuerst misslang, nach Hause zurückgekehrt. Cfr. Ordericus Vitalis (Patrol. Bd. 188 p. 763):
Stephanus quoque Blesensis palatinus comes, pene ab omnibus derogabatur et indesinenter verecundabatur eo quod de obsidione Antiochena turpiter aufugerit et gloriosos sodales suos in martyrio Christi agonizantes deseruerit. A multis personis multoties corripiebatur et militiam Christi tam terrore quam confusione repetere cogebatur etc.

In diese Zeit nun setzen alle Autoren, die sich mit Wilhelm's Leben, sei es als Fürst oder als Dichter, beschäftigt haben, bis auf Diez — also Alteserra, die histoire littéraire de la France, Millot, Papon, Raynouard, Fauriel, ja sogar auch noch neuere Literarhistoriker wie Balaguer, das sogenannte Kreuzlied des Grafen von Poitou (XI, Pus de chantar m'es pres talens). Ich schliesse mich dagegen ganz der Meinung Diez' an, welcher [1]) aus dem kläglichen Inhalte und Tone des Gedichtes schliesst, es sei keinesfalls als ein Kreuzlied aufzufassen, da der opferfreudige Geist, der sonst meist die Lieder dieser Gattung durchweht, darin durchaus nicht zu finden ist. Wenn man nun dagegen auch einwenden kann, dass Wilhelm IX. ja den Kreuzzug vielleicht nur, wie oben erwähnt, mitgemacht, um nicht hinter seines Gleichen zurückzustehen, und dass es ihm infolgedessen sehr weh dabei ums Herz war, so ist andrerseits nicht anzunehmen, dass Wilhelm diese Gefühle, falls sie ihn wirklich beschlichen, — was übrigens bei seinem leichten Sinn kaum annehmbar — nicht für sich behalten, dieselben vielmehr in einem Gedicht ausgesprochen haben sollte, welches ganz sicher zu allgemeiner Kenntniss gelangte. Diez meint mit Recht, dass XI eher für einen bussfertigen Pilger passe und füglich auf eine Wallfahrt nach irgend einem Heiligthume zu deuten sei. Ich verweise hierüber auf den Schluss dieses Abschnittes, wo ich auf den Inhalt dieses Liedes näher eingehe und einen ungefähren Anhalt für die Datirung desselben angeben zu können glaube.

Wilhelm von Poitou rüstete sich ernstlich zu seiner Kreuzfahrt. Das Geld zur Ausrüstung verschaffte er sich glücklicherweise nicht, wie er ursprünglich beabsichtigte, durch Verpfändung seines Landes [2]) an den König von

---

[1]) Leben und Werke p. 14 ff.
[2]) Ein damals sehr gewöhnliches Mittel, das sich besonders die Capetinger zu Nutze machten, um ihre Macht den Vasallen gegenüber zu vergrössern.

England, sondern in seinem Lande selbst, durch Verkauf von Vorrechten an Städte und Körperschaften, zum Theil wohl auch durch die oben erwähnten Entschädigungsgelder, die Raimund von St. Gilles ihm zahlte, und brach dann im Frühling 1101 nach dem gelobten Lande auf. Es sammelten sich [1]) gleichzeitig mit Wilhelm's H eer noch ein solches in Italien, sowie eines in Deutschland, doch beseelte diese drei Heere insgesammt nicht die heilige Andacht. die fromme Begeisterung früherer Pilgerheere. Besonders die Begleitung der Streiter durch unzählige Weiber, die den Heeren folgten, verdarb — obgleich sich auch fromme Frauen unter ihnen befanden — die Sitten und die Mannszucht der Kreuzfahrer. Auch die Führer (man denke an die verschiedenen Motive zur Kreuznahme!) beseelte statt Frömmigkeit nur Hochmuth und eitler Sinn, womit sie ihr Unternehmen von vornherein entheiligten. Statt sich zu vereinigen. brach jede der drei Armeen einzeln auf und ward so auch eine nach der andern von den Sarazenen vernichtet. Zuerst zogen nach Osten die Italiener unter Führung des Erzbischofes von Mailand; dieses Heer wurde gänzlich auf einem von seinem Führer beabsichtigten unsinnigen Zuge nach Bagdad vernichtet. Ebenso erging es einem zweiten Heere unter Wilhelm von Nevers, das acht Tage später nach vergeblicher Belagerung von Iconium, in einem engen Thale, wo alle Brunnen verschüttet waren, eingeschlossen und nach drei Tagen von den Ungläubigen zusammengehauen wurde. Gleich jämmerlich war das Ende der von Wilhelm IX. von Poitou geleiteten Expedition [2]). 60,000 (nach anderen 300,000) Streiter war die Armee Wilhelm's stark, indem auch sie noch um vieles mehr Unkriegerische und Weiber mit sich führte. Von Herren zogen mit Wilhelm von Poitou: Hugo von Vermandois, Bruder König Philipp's I. von Frankreich, Hugo von Lesenais,

---

[1]) cfr. Wilken, Gesch. d. Kreuzzüge II. Cap. XII, p. 116 ff.
[2]) cfr. Guillelmus Malmesburiensis Patr. Bd. 179 S. 1336.

Raimund's von Toulouse Bruder, Stephan von Blois (s. o.). Stephan, Graf von Burgund, und viele andre von weniger hoher Geburt. Nachdem sich das Heer in Bewegung gesetzt und seinen Weg durch Deutschland eingeschlagen, schloss sich ihm hier Welf, Herzog von Bayern, Ida, Markgräfin von Oesterreich [1], sowie Conrad, Heinrich's IV von Deutschland Stallmeister, an und erreichte durch alle diese Zuzüge die Ziffer von 160,000 Personen beiderlei Geschlechts. Man kam nach Bulgarien, wo die Kreuzfahrer mit dem von ihnen beleidigten Fürsten in Kampf geriethen, so zwar, dass er ihnen bei Adrianopel den Weg verlegte. In einem für die Kreuzfahrer siegreichen Gefechte ward indessen der Bulgarenfürst zum Gefangenen gemacht, und musste den Kreuzfahrern freien Durchzug und Geleit nach Constantinopel gewähren. Vor dieser Stadt angekommen, ruhte das Heer fünf Wochen lang am Strande des Bosporus aus; Wilhelm und die anderen Fürsten waren während dieser Zeit oft in der Stadt des Kaisers Alexius Gäste. Graf Wilhelm soll bei dieser Gelegenheit [2]) den griechischen Kaiser empfindlich beleidigt haben, indem er für die in Asien durch seine Armee zu machenden Eroberungen dem Kaiser Alexius nicht den Lehneid leisten wollte. Die Histoire du Languedoc [3]) weiss von diesem Factum nichts, sondern sagt: „Nachdem der Kaiser den Treueid empfangen — — —;" in einer Anmerkung aber heisst es (an gleicher Stelle), dass [4]) Wilhelm den Kaiser mit Hochmuth behandelt und ihn nur „Eparch" angeredet habe; für diesen Schimpf habe ihn Alexius verrathen, indem er ihm schlechte Führer und mit Kalk gebackenes Brot geliefert habe." Ordericus Vitalis endlich [5]) fabelt eine

[1]) cfr. Art de vérifier les dates X. p. 107.
[2]) cfr. Guil. Malm. Patr. Bd. 179. S. 1336. Ita per Constantinopolim profectus, cum insolenti responso Alexium offendisset etc.
[3]) III. p. 556.
[4]) Nach Mathieu von Edessa.
[5]) Patr. Bd. 188. p. 766. Nach Ordericus Vitalis soll Wilhelm

ganze Geschichte zusammen: „Aquitani et Guascones protervi ducis (Wilhelm's nämlich) juvenilem impudentiam confirmaverunt. Procaciter ergo triduo Byzantium obsederunt. Imperator autem, ut conatus eorum audivit, et urbem econtra populosam, triplici muro septam consideravit, in primis hostilem adventum parvipendit. Verum, postquam pertinaciam eorum persistentem intellexit, tres ferocissimos leones et septem leopardos inter medium murum et antemurale dimitti praecepit etc. etc." Diese Erzählung des Ordericus trägt wohl zu sehr den Stempel des Romanhaften an sich, um irgendwie auf Glaubwürdigkeit Anspruch machen zu können. Nach dem Bilde, das wir von Wilhelm's Character gewinnen, ist aber immerhin möglich, dass unser Troubadour. sich an der Spitze eines beträchtlichen Heeres fühlend, den Kaiser vielleicht mit hochmüthigem Benehmen gekränkt habe.

Zur Erntezeit 1101 [1]) überschritt dann das Heer den Bosporus, und litt bald darauf, in das unwirthliche Innere Klein-Asiens auf demselben Wege, wie kurze Zeit vorher Wilhelm von Nevers' Armee, vordringend, empfindlichen Mangel an Wasser und Lebensmitteln, da die Brunnen überall verschüttet und die Feldfrüchte von den Sarazenen verbrannt waren. Man eilte endlich im Anblicke des Flusses Halys den brennenden Durst zu löschen, allein dort war ein sarazenisches Heer aufgestellt, das die sich nahenden verschmachtenden Kreuzfahrer mit Pfeilschüssen

---

darauf bestanden haben, dass Raimund von St. Gilles mit der heiligen Lanze das Heer begleite — ein Verlangen, das Wilhelm unmöglich gestellt haben kann, da Raimund die erste Armee (des Erzbischofes von Mailand) mit der heiligen Lanze begleitet hatte und von dieser Expedition zu der Zeit, wo Wilhelm von Constantinopel aufbrach, noch gar nicht zurück war (vgl. hierzu Hist. du Languedoc IV. p. 206, wo durch das Zeugniss Albert's von Aachen der Irrthum des Ordericus widerlegt wird).

[1]) Vgl. Guillelmus Malmesburiensis Patr. Bd. 179, S. 1336.

empfing, und obenein war der Zugang zum Flusse wegen seiner sumpfigen Ufer fast unmöglich. Dadurch griff eine solche Entmuthigung um sich, dass Wilhelm's Heer in Verzweiflung die Flucht ergriff und sich zerstreute. Wilhelm IX. warf seine Waffen und den Panzer ab und floh mit nur einem Knappen (andre sagen mit sechs Begleitern) nach der Festung Longinach bei Tarsus in Cilicien. Auch Herzog Welf sowie Robert von Blois und Robert von Burgund waren so glücklich zu entkommen, — die meisten andern aber, welche hilflos zurückgelassen worden waren. die Geistlichen und die Frauen, unter letzteren die Markgräfin Ida von Oesterreich, wurden entweder von den Sarazenen niedergehauen oder aber zu Sclaven gemacht. Hugo von Vermandois. welcher fiel, wurde (nach Wilhelm von Malmesbury) in Tarsus begraben. Graf Wilhelm setzte dann. sein Brot auf den Wegen erbettelnd, die Reise fort, bis Tancred von Antiochia, von seiner gänzlichen Hilflosigkeit hörend, ihn nach Antiochia einlud und dort freundlich aufnahm. Diese Gastfreundschaft musste für Wilhelm von Poitou ziemlich beschämend sein, indem Tancred ein Normanne war, die von den Süd-Franzosen damals durchaus nicht hochgeschätzt wurden. Nach Antiochia kamen dann später auch Stephan von Blois und Stephan von Burgund, die Alexius freundlich in Constantinopel aufgenommen hatte. und um die bei Tancred versammelten Fürsten schaarten sich nach und nach aus den Heerestrümmern ca. 10,000 Pilger, die fast alle durch Strapazen und Entbehrungen zu Tode erschöpft waren. Raimund von Toulouse, von Tancred zu Antiochia gefangen gehalten. wurde durch die vereinten Bitten der Fürsten befreit, und unter seiner erfahrenen Führung wurde im Frühjahr 1102 Tortosa (Antarados) genommen. dessen sich Raimund bemächtigte. Dann zogen die Ritter als Pilger weiter und kamen kurz vor Ostern in Jerusalem an. woselbst sie das Osterfest begingen und sie am Osterabende das Wunder des himmlischen Feuers erfreute [1]). Wilhelm IX. begab sich hierauf, da er zu stolz war, um ohne eigenes Gefolge und Heer zu kämpfen, nach Joppe, um nach Europa zurückzukehren. Kurz nach der Abfahrt wurde die Flotte von einem heftigen Sturme überrascht, der viele Schiffe scheitern machte, doch wurde ein Theil derselben an die kleinasiatische Küste zurückgeworfen. Unter diesen Geretteten befand sich auch Graf Wilhelm, der im Hafen von Antiochia wieder ans Land stieg. Damals beschloss Tancred im Verein mit Wilhelm von Poitou, Balduin von Jerusalem bei der Belagerung von Ascalon beizustehen; sie kamen aber zu spät, indem Balduin schon vorher gezwungen war, die Belagerung aufzuheben. Zur Zeit der Herbstnachtgleiche schiffte sich Wilhelm von Poitou dann nochmals ein, und mit ihm viele tausend Menschen und zwar in 300 Schiffen, welche glücklich zu Anfang des Jahres 1103 nach Europa zurückkamen; Wilhelm IX. kehrte sogleich in seine Staaten zurück.

Es bietet die Geschichte dieser Unternehmungen in den Jahren 1100—1103 so recht ein Bild der Kopflosigkeit der Führer und der Zerfahrenheit, welche die Expeditionen der Kreuzfahrer kennzeichneten, indem keiner der Herren dem andern sich unterordnen zu müssen glaubte, und jeder womöglich stets auf eigene Faust Krieg führte; die so durch eigene Schuld zersplitterten Streitkräfte der Christen vernichteten dann die des Landes kundigen Sarazenen mit Leichtigkeit. — Nicht lange danach besang Wilhelm, der sich nicht nur bald über das grenzenlose Missgeschick, das sein Heer und ihn selbst betroffen, sowie über den gänzlich ruhmlosen Ausgang seines Kreuzzuges getröstet, scherzend in Reimen seine Erlebnisse auf seiner Expedition vor Fürsten und Herren [2]). Diese Lieder, welche leider nicht

---

[1]) Guil. Malm. Bd. 179, S. 1337 — ubi sacrosanctum ignem lactis hauserunt oculis, devotis adorarunt animis.

[2]) cfr. Order. Vit. Patr. Bd. 188, p. 770: „Pictavensis vero dux, peractis in Jerusalem orationibus, cum quibusdam aliis consortibus suis

erhalten sind, hätten einen bestimmten Anhalt zu ihrer Datirung gegeben, der allen übrigen Liedern Wilhelm's, die uns erhalten sind, bis etwa auf das Busslied, gänzlich abgeht. Statt dass der Besuch der heiligen Orte Wilhelm's IX. Character geläutert hätte, blieb dieser vielmehr ohne jeden Eindruck auf das Gemüth unseres Troubadours, ja — gerade nach seiner Rückkehr vom Kreuzzuge wird hauptsächlich dasjenige Laster an ihm getadelt, durch welches viele ausgezeichnete Eigenschaften, die unserem Troubadour keiner der citirten Geschichtsschreiber abspricht, ganz verdunkelt wurden — nämlich eine übergrosse Zügellosigkeit der Sitten und der Hang zu Ausschweifungen geschlechtlicher Art. Ordericus Vitalis spricht allerdings[1]) nur davon, dass: „Hic (nämlich Wilhelm) fuit audax et probus, nimiumque jucundus, facetos etiam histriones facetiis superans multiplicibus," doch habe ich in der Einleitung meine Gründe bereits zur Genüge angegeben, weshalb ich hauptsächlich den ganz anders lautenden Angaben Wilhelm's von Malmesbury folgen zu sollen glaube. Wilhelm's Gedichte widersprechen ja auch ihrem Inhalte nach den Angaben des englischen Mönches in nichts: I, IV, V, VI und VII

---

est ad sua reversus; et miserias captivitatis suae, ut erat jucundus et lepidus, postmodum, prosperitate fultus, coram regibus et magnatis atque Christianis coetibus, multoties retulit rhythmicis versibus, cum facetis modulationibus."

(Ich bemerke hierzu, dass von einer „captivitas" unseres Troubadours im gelobten Lande nichts verlautet, captivitas also wohl in dem Sinne von Leiden, Elend zu übersetzen ist, als Synonym von „miserias". Zudem nimmt es Ordericus, wie wir oben gelegentlich seiner Angabe über Wilhelm's Aufenthalt in Constantinopel gesehen haben, mit der Wahrheit wohl nicht ganz genau.) Auch Wilhelm von Malmesbury berichtet dasselbe Factum (Patr. Bd. 179, p. 1384), aber in folgender drastischen Weise:

„— nugas porro suas salsa quadam venustate condiens ad facetias revocabat, audientium rictus cachinno distendens."

[1]) Patr. Bd. 188, p. 763.

sind geradezu zotig! Unser Troubadour nennt überhaupt, ausser in seinen drei Kunstliedern VIII, IX, X, in erotischer Beziehung Alles so cynisch-deutlich, dass man daraus folgern kann, wie wenig er als grosser Herr an ernstlichen Widerstand gegen seine Wünsche von Seiten des weiblichen Geschlechtes gewöhnt war. Ich will indessen auf den Inhalt von Wilhelm's Dichtungen erst eingehen, nachdem ich ein Bild seines ferneren Lebens entrollt habe. — Noch im selben Jahre seiner Rückkehr aus dem gelobten Lande berichtet die Chronik von Maillezais über einen Krieg Wilhelm's IX. mit Gottfried Martell von Anjou, wobei die Schlösser Toarcy, Niort und Belvéry eingeäschert wurden, der aber bald im Angesichte beider Heere durch „heilige Männer" beigelegt wurde, indem zugleich der Friedensschluss dadurch begünstigt war, dass durch einen mehr als zweitägigen heftigen Regen der Kampf für längere Zeit unmöglich gemacht war. 1110 begann ein mit Unterbrechungen sehr lange dauernder Krieg mit Hugo Brunus von Lesenais. In dieser Zeit wurden nun aber die zügellosen Sitten unseres Troubadours immer anstössiger: so entführte er damals eine gewisse Maubergeon, Frau eines Vizgrafen von Châtellerault, und lebte mit dieser öffentlich in seinem Palaste. Daher hielt Gérard, Bischof von Angoulême, ihm seine Ausschweifungen und den dadurch erregten öffentlichen Anstoss vor, und ermahnte ihn zu einem sittlichen Lebenswandel. Doch antwortete Graf Wilhelm cynischer Weise dem ehrwürdigen, kahlköpfigen Prälaten [1]: „Eher wirst Du mit einem Kamme Dein Haar auf der Stirne kräuseln, als ich der Vizegräfin die Verstossung ansagen werde." An selbiger Stelle berichtet Wilhelm von Malmesbury auch noch, dass alle Ermahnungen nichts fruchteten; vielmehr liess Wilhelm von Poitou Maubergeon's Bild auf seinem Schilde anbringen und sagte dazu [2]: „Se illam velle ferre in proelio, sicut illa eum in

---
[1] cfr. Guillelm. Malm. Patr. Bd. 179, p. 1384.
[2] Ebenda.

triclinio." Weiter berichtet Wilhelm von Malmesbury: „Denique ad castellum quoddam, Niost, habitacula quaedam, quasi monasteriola, construens, Abbatiam pellicum ibi se positurum delirabat, nuncupatim illam et illam, quaecunque famosioris prostibuli esset, Abbatissam, caeteras officiales institurum cantitans." Angesichts solcher Handlungen und Reden unternahm es 1114 Peter, Bischof von Poitiers, Wilhelm IX. öffentlich in den Bann zu thun. Der Graf, dessen rücksichtslose Heftigkeit bei einen ähnlichen Anlasse ich bereits oben (p. 14) erwähnt, sagte[1]) zu dem die Excommunicationsformel beginnenden Prälaten mit gezücktem Schwerte: „Du stirbst, wenn Du mich nicht lossprichst vom Banne." Der Bischof aber wusste dennoch auch das Ende seiner Bannformel auszusprechen, indem er die Gelegenheit, sich die Märtyrerpalme zu erringen, herbeisehnte. Wilhelm aber, „sich sogleich wieder seiner gewohnten gewandten Redeweise bedienend," sagte: „Ich hasse Dich so sehr, dass ich Dich weder meines Hasses würdige, noch wirst Du jemals durch meine Hände in den Himmel eintreten." — Thatsache ist, dass Wilhelm seinerseits nach seiner Excommunication den Bischof Peter nach Chauvigny verbannte, wo er kurz hinterher starb und bald nach seinem Tode als Heiliger verehrt wurde, und wie Wilhelm von Malmesbury, dem ich dies Alles [2]) nacherzähle, sagt: „beato fine conclusus frequentibus miraculis innuit mundo, quam gloriose vivat in coelo." Als Graf Wilhelm dies hörte, soll er den Witz gemacht haben: „poenitere se, quod non ei jamdudum mortem accelerasset, ut ipsi anima sancta grates haberet, potissimum cujus furore coeleste mercatus esset commodum." Wilhelm von Malmesbury, dessen Zorn über den Grafen von Poitou hauptsächlich auf dessen geringer Rücksichtnahme auf die Kirche und deren Vertreter sich zu gründen scheint — denn er drückt sich,

---

[1]) Guil. Malm. Patr. Bd. 179. p. 1384.
[2]) Patr. Bd. 179, p. 1385.

wie man sieht, immer sehr herbe aus — sagt endlich (an gleicher Stelle) noch, dass Wilhelm IX. „ita omne vitiorum volutabrum premebat quasi crederet omnia fortuito agi, non providentia regi", wobei im Vordersatze ausdrücklich gesagt wird: „postquam [1]) de Jerosolyma rediit;" vielleicht war diese fatalistische Weltanschauung des Grafen von Poitou eine Frucht seiner Berührung mit den Muselmännern im Orient? — Es ist hier der Ort zu bemerken, dass, wenn auch Wilhelm von Malmesbury bezüglich der Sittenlosigkeit unseres Troubadours übertrieben haben sollte, doch seine Excommunication als historisch festehend betrachtet werden muss — ein Factum, das z. B. Besly ganz mit Stillschweigen übergeht [2]). Wohl durch all diese scandalösen Vorfälle bewogen, trennte sich Wilhelm's Gattin Philippa (auch Mathilde genannt) von ihrem Gatten und trat in das Kloster von Fontevrault, wo sie kurz danach (1115) starb.

Gleich noch im Jahre seiner Excommunication eroberte unser fürstlicher Troubadour zum zweiten Male Toulouse, indem Raimund von St. Gilles 1105 und dessen Sohn Bertrand 1112, und zwar beide im gelobten Lande gestorben waren, und nur der minderjährige Alfons Jordanus [3]) in Toulouse regierte. Kurz darauf führte Wilhelm IX. Alfons, dem Könige von Navarra und 'Aragon, der seinen Beistand gegen die spanischen Sarazenen aufgerufen hatte, ein Heer zu, welches grossen Antheil an dem rühmlichen Siege [4]) hatte, den am 17. Juni 1115 die Spanier bei Cordova erfochten. Es ist bei dieser Gelegenheit interessant zu bemerken, wie der auf Wilhelm lastende Kirchenbann (von

---

[1]) Alteserra II, p. 495 hat merkwürdigerweise „priusquam de Hierosolyma" etc., was den Sinn bedeutend ändert.

[2]) cfr. auch Alteserra II, p. 495.

[3]) So genannt, nach der damaligen Sitte, wegen seiner Taufe im Jordan.

[4]) Chronicon Malleacense (Alteserra II, p. 513).

dem wir übrigens nicht wissen, wann er gelöst wurde [1]) durchaus keinerlei Einbusse an Macht bei Wilhelm von Poitou im Gefolge hat, trotzdem er noch obenein den Bischof Peter verjagt hatte und derselbe im Exil gestorben. Wie musste sich dagegen sein Lehnsherr Philipp I. von Frankreich vor dem Bannfluche beugen, da er 1104 in Paris barfuss öffentlich Abbitte thun musste; oder gar erst Wilhelm's IX. Vetter, Kaiser Heinrich IV. von Deutschland, 1077 in Canossa, wenn es auch nur in der Politik dieser Fürsten lag, sich dem Bannfluche zu fügen.

1118 wurde Wilhelm in eine Fehde mit Simon von Parthenay verwickelt, die, wie der spanische Feldzug, seinen Waffen neuen Ruhm brachte [2]). — Nach Philippa's Tode hatte sich Graf Wilhelm nochmals verheirathet und zwar mit Hildegarde („L'art de vérifier" sagt nicht, aus welchem Hause sie entsprossen), die er jedoch schon 1119 wieder verliess, um desto ungestörter mit Maubergeon leben zu können. Hildegard nahm die Handlungsweise ihres Gatten — das damals gewöhnliche Mittel, lästig gewordene eheliche Bande zu lösen — nicht ruhig hin, brachte vielmehr beim Papste Calixtus II. Klage gegen ihren Ehegatten an. Der Papst lud Graf Wilhelm vor das von Rom aus für October 1119 nach Reims [3]) berufene Concil, doch

---

[1]) Jedenfalls muss dies aber bald geschehen sein, weil Wilhelm IX., wie wir in der Folge sehen werden, sich nochmals verheirathet, was er als Excommunicirter nicht wohl thun konnte.

[2]) Chronicon Malleacense. „Comes Wilhelmus pugnavit cum Simone Partenacensi, et avunculo suo Hugone V. Id. Augusti et vicit eos. et Simonem cepit cum multis aliis."

[3]) Dieses Concil beschreibt genau Ordericus Vitalis Lib. XII seiner Historia ecclesiastica, vgl. Patrol. Bd. 188. p. 873 ff. „Interea Hildegardis, comitissa Pictavorum, cum suis pedisequis processit, et alta claraque voce querimoniam suam eloquenter enodavit, quam omne concilium diligenter auscultavit. Se siquidem dicit a marito suo esse derelictam, sibique Malbergionem, vicecomitis de Castello tiraldi conjugem, in toro subrogatam. Cumque papa interrogaret, utrum consul Pictavensis secundum suum edictum ad synodum venisset, Guillelmus, eloquentissi-

folgte Wilhelm dieser Ladung nicht. Man war auf dem Punkte ihn in contumaciam zu verurtheilen, als der Bischof von Saintes und mehre andere aquitanische Prälaten für Wilhelm mit der Entschuldigung auftraten, dass er auf dem angetretenen Wege zum Concile erkrankt sei. Diese Entschuldigung wurde angenommen, trotzdem von einer ernstlichen Erkrankung Wilhelm's zu dieser Zeit nirgends etwas verlautet, und er vielmehr, wie wir sehen werden, bald danach noch mehrfach ins Feld zog. Auch ist nichts bekannt davon, ob die Anklage Hildegard's weitere Folgen für unseren Troubadour gehabt hat.

Im Jahre 1112 verjagten die Einwohner von Toulouse, welche die Herrschaft des Poitevins sehr ungern ertrugen, Wilhelm von Montmaurel, den der Graf von Poitou dort an seiner Stelle als Befehlshaber zurückgelassen hatte, und im darauf folgenden Jahre ging auch das andere eroberte tolosanische Gebiet wieder verloren, ohne dass Wilhelm noch einen Versuch zu dessen Rückeroberung machte. 1124 folgte Wilhelm von Poitou mit mehreren grossen Vasallen dem Aufgebote König Ludwig des Dicken gegen Heinrich V. von Deutschland, welcher als Verbündeter des Königs von England in die Champagne einfallen wollte. Es ist diese Heeresfolge von Seiten eines so mächtigen Vasallen wie Wilhelm von Poitou bemerkenswerth, indem daraus hervorgeht, wie durch die kräftige Regierung Ludwig's des Dicken bereits damals die grossen Vasallen sich unterwürfig zeigten. Dennoch wagte 1126 Wilhelm nochmals ein Heer gegen seinen König ins Feld zu führen, um seinen Vasallen, den Grafen von Auvergne, zu beschützen,

---

mus juvenis, episcopus Sanctonensis, et plures episcopi et abbates de Aquitania surrexerunt, et eundem Aquitanorum ducem excusaverunt, asservantes quod iter ad concilium inierit, sed aegritudine detentus obiter rem anserit. Denique papa infirmitatis causa excusationem suscepit, inducias dedit, certumque terminumque constituit, quo consul ad placitum in curiam papae veniret, ac aut legitimam uxorem reciperet aut pro illicito repudio sententiam anathematis subiret."

welcher den Bischof von Clermont verjagt hatte [1]). Damals soll aber Wilhelm ein unerklärlicher Schrecken im Angesichte des königlichen Heeres befallen haben, so dass er ohne Kampf um Frieden bat, sich selbst als Kronvasall bekannte und zugleich versprach, den Grafen von Auvergne an den Hof zu führen, damit derselbe sich dem vom Könige zu fällenden Richterspruche unterwerfe. Am 10. Februar 1127 starb Wilhelm IX. nach vierzigjähriger Regierung und zwar zu Poitiers und ward auch in seiner Residenz in der von ihm selbst begründeten Abtei Moutier-Neuf beerdigt [2]). —

Knüpfen wir an diesen Lebensabriss unsres Troubadours sogleich die in der Hs. I enthaltene kurze Biographie aus dem XIII. Jahrhundert [3]): „Lo coms de Peyteus si fo uns dels majors cortes del mon e dels majors trichadors de dompnas; e bons cavalliers d'armes e larcs de dompnejar. E saup ben trobar e cantar: e anet lonc temps per lo mon per enganar las dompnas. Et ac un fill que ac per moiller la duquessa de Normandia, don ac una filla que fo moiller del rei Enric d'Englaterra, maire del re jove e d'en Richart e del comte Jaufre de Bretaigna." Also auch diese wenigen Zeilen bestätigen uns den von des Grafen von Poitou Character gewonnenen Eindruck — wobei indessen die Möglichkeit nicht ausgeschlossen ist, dass diese kurze Lebensnotiz auf Guillelmus Malmesburiensis

---

[1]) cf. Suger, vita Ludovici.

[2]) Ordericus Vitalis giebt in seiner Hist. eccl. das Todesjahr Wilhelms zweimal:

1º Lib. I (Patrol. Bd. 188, p. 98) und zwar 1125 (Anno Domini 1125 etc. — Tunc etiam egregii duces Guilelmus Pictavensis et Guilelmus Apuliensis, obierunt.

2º Lib. XIII (nicht XII wie Alteserra II. p. 516 angiebt) Patrol. Bd. 188, p. 913. — Eodem anno (1126) Guilelmus Pictavensis mortuus est.

Dass das letztere Jahr das richtige, bestätigt die Hist. du Languedoc, welche (nach dem Chronicon Malleacense) sagt — laquelle (sa mort) arriva le 10 février de l'an 1126, ou de l'an 1127 suivant notre manière de compter.

[3]) cfr. Raynouard V, p. 115.

oder Ordericus Vitalis basirte. Wir bekommen Alles in Allem von unserem Troubadour das Bild eines tapferen Ritters, der jederzeit nach der Sitte seines Zeitalters zu Kämpfen und Fehden bereit ist, dieser ritterliche Character wurde indessen entstellt durch eine überwiegende Neigung zum andern Geschlecht, wie solche uns aus seinen Liedern vollauf bestätigt erscheint; eine recht ritterliche Gesinnung, wie bei Pons de Capduelh oder Bertrand de Born, kommt in keinem einzigen der erhaltenen eilf Lieder unseres Troubadours zum Ausdruck. —

Wenn wir die Lieder Wilhelm's dem Inhalte nach betrachten, so liegt es wohl nahe, das sittliche Moment zur Norm der Eintheilung zu machen, und die Lieder zu gruppiren in:

a) Lieder mit anstössigem Inhalte; hierher gehören I, IV, V, VI, VII;

b) Lieder mit unbedenklichem Inhalte, wie II (bis auf eine Wendung im letzten Verse hierher gehörig), III, VIII, IX, X; während das Busslied XI allein dasteht.

Die drei letzten Lieder der zweiten Gruppe tragen offenbar das Gepräge der Kunstlyrik[1], und zwar in Form und Inhalt, während II und III ihrer Form nach (vgl. Abschnitt IV) auf die volksthümliche Lyrik hinweisen. Neben der Form ist auch der Inhalt von VIII, IX, X ganz massgebend für die Diez'sche Classificirung (Diez war das Lied IX „Ab la dolchor del temps novel" noch unbekannt): Inhalt und Ausdruck aber aller der zu dieser Gruppe gehörigen Gedichte entsprechen gänzlich dem der Liebeslieder späterer Troubadours. Man sieht, dass im Vergleich zu den Liedern der ersten (anstössigen) Gruppe sich in denen der zweiten, die uns hier beschäftigt, in III und X keine, in II nur der etwas dunkle Schluss, in VIII nur die undelicate Frage, „ob die Geliebte denn Nonne werden wolle?", in IX das: „qu'aya mos mans sotz so mantelh" vorkommt, während im Uebrigen die betr. Ge-

---

[1] cfr. Diez Altrom. Sprachdenkmäler p. 121.

dichte keine allzu deutlichen anstössigen Anspielungen enthalten, wie diese sonst in Wilhelm's Art liegen. Dies scheint mir mit ein Zeichen zu sein, dass diese Lieder[1]) nicht der wahre Ausdruck der Gefühle Wilhelm's sind; wie wäre dies auch möglich gewesen bei der Auffassung des Lebens und der Liebe, der unser Troubadour huldigte! — Vielmehr sind in den Liedern der zweiten Gruppe die Gedanken und Empfindungen einer erwachenden Zeit enthalten, in welcher kurz danach der in der Gesellschaft zur Herrschaft gelangende Minnedienst durch die Troubadours und deren Erfindungen in ein förmliches, complicirtes System gebracht wurde. Es sind diese fünf Lieder vielmehr (besonders VIII. IX, X) solche, wie sie spätere Troubadours auf ihre Damen dichteten; Lieder, in denen nur zu oft eingebildete und erheuchelte Liebe die Grundidee bilden. Häufig war es ja für die Troubadours Brauch und Pflicht, die Frauen oder die Töchter ihres fürstlichen Gönners zu besingen — für Kleidung, Speise und Trank! Es geht die Macht dieser Sitte recht schlagend aus dem Umstande hervor, dass der bedeutendste Satyriker unter den Troubadours, der Mönch von Montardou, auch — nur um der Sitte seiner Zeit Genüge zu thun — Liebeslieder dichtete, die mit ihren unempfundenen Gefühlen und ihrem geschraubten Ausdrucke zu des Dichters schlechtesten Werken gehören. Wilhelm IX. als einer der reichsten, beneidetsten Sterblichen seiner Zeit, dem Alles und Alle zu Willen, brauchte nun allerdings nicht derartige „Minne-Dankgedichte" für empfangene Wohlthaten zu machen; wohl aber geht aus dem Umstande, dass er dennoch Lieder dieser Art dichtete, ganz deutlich hervor, dass schon damals der Minnecultus nach Art späterer Troubadours Wurzeln zu fassen begann, und trug unser Dichter diesem erwachenden Minnecultus, trotz seiner erwiesenen Sinnlichkeit, die sich in den Liedern der Gruppe a) so unverhohlen ausspricht, gebührend Rechnung. Papon[2])

[1]) cfr. Fauriel I. p. 471 ff.
[2]) II. p. 362.

sagt, dass unter der Regierung Alfons II. und noch mehr unter seinem Sohne Raimund Berengar (d. h. in der Zeit 1104—1162) die Sitten der Provenzalen sich sehr verfeinerten, „die Höflichkeit (das höfische Wesen) und die Galanterie wurden eine Kunst." — In III, Str. 7 erfahren wir aus des Dichters eigenem Munde ein Selbstlob bezüglich seiner dichterischen Kunst, und zwar lautet die betr. Strophe in der Uebersetzung ungefähr also:

„Del vers vos die, que mais en vau,
Qui be l'enten e'na plus lau.
Quels motz son faitz tug per egau
Cominalmens,
El sonet, ieu mezeis m'en lau
Bos e valens."

Auch IV, Strophe 1 spricht hierüber, die Eitelkeit unseres Dichters auf seine poetischen Erzeugnisse kennzeichnend:

„Ben voill que sapchon li pluzor
Un verset de bona color,
Qu'eu ai trait de mon obrador,
Qu'eu port d'aicel mestier la flor,
Et es vertaz,
E pose en trairel vers auctor,
Quant er lassaz."

Dies, vereinigt mit dem Inhalte der provenzalischen Lebensbeschreibung (E saup ben trobar e cantar) und der p. 21 in der Anmerkung gegebenen Nachricht des Ordericus Vitalis zeigt uns, dass Graf Wilhelm IX. nicht nur Dichter und Componist in einer Person war, sondern dass er auch selbst zu singen verstand und dieses auch oft that, so dass Ordericus ihn für „schlimmer als einen histrio" hinstellt. Einen ganz eigenthümlichen Inhalt hat das Lied II, das eine träumerische Stimmung des Dichters behandelt, in der ihm Alles gleich gilt. Dies Lied enthält in seiner zweiten Strophe eine Anspielung (fadatz) auf Feen — nach Papon [1])

---

[1]) II, p. 352.

die älteste Erwähnung derselben. Es ist dieses Lied ganz sicher seinem Inhalte nach das Vorbild für ähnliche Lieder späterer Troubadours (Raimbaut von Orange, Guiraud von Bornelh) geworden, wobei indessen unentschieden bleiben muss, ob diese Idee von unserem Troubadour selbst ausging, oder ob auch er schon seinerseits ein Vorbild dafür hatte.

Die Lieder der ersten Gruppe, nämlich I, IV, V, VI, VII (I seinem Inhalte nach eine Romanze), sind ganz dem Bilde entsprechend, welches die Vergegenwärtigung von Wilhelm's Character nach den geschichtlichen Quellen ergiebt. Selbst wenn man den Versuch machen wollte, die strengen Berichte Wilhelm's von Malmesbury mit Besly's Lobe (nach Gottfried von Vendôme's Notizen) zu verquicken, so würde der Inhalt dieser Lieder ganz und voll dafür sprechen, dass des englischen Mönches Nachrichten über unsern Troubadour nur allzu wahr sind: Es ist schon stark, wenn unser Dichter in VI („Companho, farai un vers covinen") (nicht seine Geliebte, sondern) seine beiden Geliebten [1]) mit zwei Rossen vergleicht, die von keinem Sterblichen besser geritten würden, oder wenn er in VII („Companho, non puesc mudar qu'eo nom esfrei") zu den Wächtern einer gefangenen Dame metaphorisch sagt, dieselbe werde gegebenen Falles lieber Wasser trinken, als aus Durst sterben, und wenn sie kein Streitross haben könne, sich mit einem Zelter begnügen; dagegen spotten der Schluss

---

[1]) Bezüglich der in diesem Gedichte vorkommenden Ortsnamen will ich bemerken, dass Cofolen das heutige Confolens (arr. Charente) ist. Ueber das Schloss Gunel vermochte ich in keinem der von mir zu Rathe gezogenen geographischen Werke etwas zu ermitteln.

Niol ist wohl = Nieuil od. Nieul. Peigné's Dictionnaire géographique etc. führt nicht weniger als acht Ortschaften dieses Namens auf, wovon indessen für uns nur eine in Betracht kommen kann, nämlich Nieul, canton St. Claud, arr. Confolens (Charente), da es in VI. Str. 6. Zeile 1 ausdrücklich heisst:

„L'autre fo noyritz sajus part Cofolen." —

von IV. die ganze No. V, sowie die Romanze (I) ihrem
Inhalte nach jeder Beschreibung. Nachdem er sich im
Anfang von IV auf seine Klugheit sehr viel zu Gute ge-
than, rühmt sich unser Troubadour von Str. 7 ab bis zum
Schluss in einer gänzlich unerörterbaren Beziehung. Einen
gleich cynischen Inhalt hat V („Companho, tant ai agutz
d'avols conres"), das man als „Ensenhamen" niedrigster
Art bezeichnen möchte, während die Romanze I („Un vers
farai pos me sommelh") an Unflüthigkeit Allem die Krone
aufsetzt. Es ist diese Romanze das älteste uns erhaltene
Beispiel einer solchen im Provenzalischen und durch ihren
Inhalt weit weniger, als durch ihre Form beachtenswerth [1]).
Der Inhalt ist kurz der, dass ein Pilger gelegentlich einer
Wallfahrt zum St. Leonhardt [2]) (wie in allen Gedichten
dieser Art spricht der Dichter immer in der ersten Person
von sich) sich stumm stellt, um zweien „Damen", die er
auf seinem Wege antrifft, als nicht ausplaudernder Freund
zu erscheinen. Die beiden Frauen, ehe sie ihm gänzlich
vertrauen, stellen seine Stummheit auf die kitzliche Probe,
ihn mit einer Katze [3]) zu schinden. Der Pilger hält nicht
nur diese Probe mannhaft aus, sondern giebt hinterher noch
seinen „Damen" Wunder von Kraft zu erkennen. — In
dem Geleite dieser Romanze redet Wilhelm seinen Joglar
Monet an, während er in VIII sich an einen Freund
Daurostre wendet; es ist in letzterem Falle nicht festzustellen, ob dieser Daurostre ein Freund oder aber vielleicht
ein andrer Joglar Wilhelm's gewesen, indem ja die
Joglars häufig „amic" von ihren Troubadours genannt
werden. Vielleicht ist auch zu lesen d'Aurostre, so dass
der Freund vielleicht der Schlossherr von Aurostre gewesen,
obwohl ein Ort „Aurostre" wohl kaum noch zu ermitteln
sein dürfte; Peigné führt nur ein „Auros" als cheflieu de

---

[1]) cfr. Abschnitt IV.
[2]) Dép. Haute-Vienne.
[3]) Papon übersetzt zwei Katzen heraus.

canton, arr. Bazas (Gironde) an — also in Wilhelm's ehemaligem Territorium belegen, ob indessen dies mit obigem Namen in Zusammenhang zu bringen sein dürfte, wage ich nicht zu entscheiden.

Was endlich das sogenannte Kreuzlied unseres Troubadours anbetrifft, welches seinem Inhalte sowohl, als auch seiner Form nach ganz isolirt unter Wilhelm's IX. Liedern dasteht, so habe ich (p. 15) bereits meine Ansicht dahin ausgesprochen, dass ich das Lied XI mit Diez nicht für ein Kreuz- sondern für ein Busslied halte. Ausser den von Diez [1]) angeführten Gründen widerspricht der gewöhnlichen Annahme meiner eigenen Ansicht nach auch Strophe 3 des fraglichen Gedichtes, wo Wilhelm seinen Sohn, den „jove mesqui" der Sorge Folco's von Anjou anvertraut, während Wilhelm gelegentlich seines Abganges zur Kreuzfahrt seine Gattin Philippa (auch Mathilde genannt) zur Regentin einsetzte, welche sein Vertrauen „durch eine männliche Verwaltung"[2]) rechtfertigte. Ferner erscheint es mir fraglich, ob Wilhelm ein einjähriges Kind — so alt war damals sein Erstgeborener — mit „jove" bezeichnet haben würde. — Erwägt man ferner, wie dem Grafen von Poitou durch sein Ansehen und seinen Reichthum eigentlich Alles zu Gebote stand, dass Wilhelm den Freuden dieser Welt durchaus nicht abhold war, und dass andererseits in seiner Familie, wie (p. 11) erwähnt, auch das Sündeabbüssen gegen das Lebensende Gebrauch war, so wäre es ja keineswegs zu verwundern, wenn auch Wilhelm IX. gelegentlich das Bedürfniss empfand, seinen Frieden

---

[1]) Leben und Werke, p. 14 ff.
[2]) Alteserra II, p. 487. Dum Wilhelmus dux belli sacri causa peregre abesset Mathildis seu Philippia ejus uxor res Aquitanicas viriliter administravit, testis Goffridus Vindocinensis in epistola (lib. V, ep. 22) scripta ad Mathildem Pictavensem comitissam:
„Quod postquam dominus comes maritus vester Hierusalem perrexit, vos non vidimus ne miremini humiliter cogamus, quoniam hoc potius necessitate quam voluntate dimisimus."

mit Gott zu machen. In einer solchen frommen Anwandlung kann Wilhelm das Lied XI „Pus de chantar m'es pres talens" gedichtet haben, und scheint es mir das Richtigste (da es in Strophe 9 ausdrücklich heisst: Tan sui apropchatz de la fi") anzunehmen, dass unsern Troubadour kurz vor dem Ende seines Lebens das Bedürfniss einer Sühne seines ausschweifenden Lebens anwandelte; in dieser Stimmung dichtete er das Lied, wenn er auch seine Absicht, in ein Kloster zu gehen, nicht verwirklichte, denn Wilhelm starb nicht in einem Kloster. Mit einiger Gewissheit glaube ich das Jahr 1126 als die Zeit der Entstehung des fraglichen Bussliedes ansehen zu können, und zwar die Zeit kurz nach jenem eigenthümlichen Vorfall, der (p. 27) oben erwähnt worden ist. Einmal passt jene Gemüthsstimmung des Grafen Wilhelm ganz gut zu dem Inhalte und dem kläglichen Ausdrucke eines Bussliedes und andererseits heisst es Strophe 4 Zeile 2 ganz ausdrücklich:

„El reis de cui ieu tenc m'onor."

Er dachte wohl hier daran, dass er sein Lehnsverhältniss erst kurz vorher ausdrücklich anerkannt hatte. Auch das „apropchatz de la fi" ist hier leicht erklärlich — Wilhelm fühlte, dass es mit ihm zu Ende ging, wie er ja auch Anfang 1127 starb. Wie konnte aber ferner ein in den heiligen Kampf mit den Ungläubigen ziehender Ritter (vgl. Strophe 9, Zeile 2) Abschied von der „cavalaria" nehmen, die er doch für sein Unternehmen so nothwendig gebrauchte, deren sich aber ein bussfertiger Lebensmüder recht wohl entschlagen konnte? Zum Schluss sehen wir nach Angabe all dieser Gründe, welche gegen die Annahme, dass Lied XI ein Kreuzlied sei, sprechen, auf wie schwachen Füssen die Gründe stehen, welche Raynouard und Fauriel, für sie vorgebracht haben, denn diese beiden sind mit Millot die einzigen, die auf eine genauere Inhaltsbesprechung in dieser Rücksicht eingingen. Millot [1]) sagt, „das Lied ist von einem

---

[1]) 1, p. 13.

devoten Tone, ganz dem Character Wilhelm's entgegengesetzt. Augenscheinlich bereitete er sich zur Abreise zum ersten Kreuzzuge, zu welchem er durch den Strom der Begeisterung mit hingerissen wurde; er sagt dem Limousin und Poitou Lebewohl — à la chevalerie, qu'il a tant aimée, aux vanités mondaines, qu'il désigne par les habits de couleur et par les „belles chaussures". Der betr. Vers heisst:

„Aissi guerpisc joy e deport
E vair' e gris e sembel."

Den letzten lapsus calami der „belles chaussures" muss man Millot zu Gute halten, der ja bekanntlich kein Provenzalisch verstand und nur das von dem Academiker La Curne de Sainte-Palaye aus vielen Hss. mühsam gesammelte Material provenzalischer Literatur zu einer Literatur-Geschichte der Troubadours zu verwerthen strebte. Was Millot dann sagt von dem Verbote des „vaire" und „cembeli" für die Kreuzfahrer passt nicht hierher, indem schon Diez bemerkt, dass dieses Verbot erst einer späteren Periode entstammt.

Raynouard motivirt seine Meinung durch Uebersetzung einiger Verse [1]) und sagt, indem er das in Rede stehende Lied als ältestes Kreuzlied aufführt, in einer Vorbemerkung [2]): „Ce qui distingue essentiellement le zèle et le talent des troubadours, ce sont leurs exhortations à s'armer pour la délivrance des lieux saints; leurs chants sont animés d'une sorte d'enthousiasme religieux, qui caractérise parfaitemant les opinions du temps, le dévouement pieux des croisés. Dès la première croisade, le comte de Poitiers avait célébré son propre zèle pour la conquête des lieux saints."

Dies Alles aus dem Liedestext von Wilhelm's sog. Kreuzlied herauszuübersetzen, ist mir nun beim besten Willen nicht möglich. Raynouard hat sich allerdings das

---
[1]) cfr. R. II. p. LXVII.
[2]) Ebenda.

Gedicht für seine obige Meinung bequem zurechtgelegt. Ich stelle zur Vergleichung und zum Beweise meiner Behauptung Urtext, Raynouard's freie, sowie Diez' classische metrische Uebersetzung (in einzelnen Strophen) nebeneinander [1]):

> Str. 6. De proeza e de valor fui,
> Mais ara nos partem abdui.
> Et ieu vauc m'en lay a selui,
> On merce clamou pelegri.

Fidèle à l'amour et à la bravoure je m'arme, partons; je vais outre mer, aux lieux où les pélérins implorent leur pardon.

> Ich hab' manch' edle That vollbracht,
> Doch dem sag' ich nun gute Nacht
> Und bin dahin zu zieh'n bedacht,
> Wo Pilger um Erbarmung fleh'n.

> Str. 7. Aissi lais tot quant amar suelh
> Cavalairia et orguelh,
> E vauc m'en lay, ses tot destuelh,
> On li peccador penran fi.

Adieu brillants tournois, adieu grandeur et magnificence, et tout ce qui attachait mon cœur; rien ne m'arrête, je vais aux champs, où Dieu promet la rémission des péchés.

> Fahr wohl denn, was mir sonst gefiel,
> Des Ritterthumes stolzes Spiel,
> Ich wall' ohn' Aufschub nach dem Ziel,
> Wo Gott den Sündern wird verzeih'n.

> Str. 9. Mout ai estat cuendes e gais,
> Mas nostre seiugner nol vol mais;
> Ar non pose plus soffrir lo fais,
> Tant soi apropchatz de la fi.

Trop long-temps je me suis abandonné aux distractions mondaines, mais la voix du Seigneur se fait entendre; il faut comparaître au tribunal: je succombe sous le poids de mes iniquités.

---

[1]) Vgl. R. IV. p. 84; R. II. p. LXVIII, sowie Diez' Leben und Werke p. 14.

Verliebt und froh war ich seither,
Doch will es unser Herr nicht mehr;
Nun drückt die Last mich allzuschwer.
Denn schon zu Ende geht mein Lauf.

Str. 10. Totz mos amicx pres a la mort
Qu'il vengan tuit al meu conort,
Qu'ancse amey joy e deport
Lucnh de me et en mon aizi.

O mes amis! quand je serai en présence de la mort, venez tous auprès de moi, accordez-moi vos regrets et vos encouragemens.

Ich bitte jedes Bruderherz
Um Beistand einst in Todesschmerz;
Nur zu sehr liebt' ich Freud' und Scherz
Und suchte nah' und fern sie auf.

Mich dünkt, trotz der freiesten Uebersetzung und Ausschmückung mit pompösen Ausdrücken gelingt es Raynouard nicht, die obigen „Ermahnungen sich zur Befreiung der heiligen Oerter zu bewaffnen", die „Art von religiösem Enthusiasmus der Kreuzfahrer", sowie den „Eifer des Grafen von Poitou für die Eroberung des gelobten Landes" herauszubringen. —

Fauriel, welcher Raynouard's Ansicht theilt, findet die Kläglichkeit des Ausdruckes in dem Gedichte, welche Raynouard gar nicht bemerkt, ganz natürlich und sagt darüber [1]): „Il est bien clair qu'un jeune prince brave et hardi, qui parlait de la sorte au moment· de partir pour la croisade, ne faisait, en y allant, que céder lentement et à contre-cœur à l'impulsion générale, au point d'honneur de l'époque. L'entreprise était beaucoup trop-sérieuse pour une destinée dans laquelle tout ce qui était sérieux avait l'air d'un désordre ou d'un contresens." Ich überlasse dem Leser ein Urtheil über diese Motivirung und bemerke nur noch, dass auch Fauriel, der gleichfalls eine Uebersetzung

---

[1]) I, p. 458.

dieses Gedichtes giebt, wenn er auch im Ganzen genauer als Raynouard zu Werke geht, doch auch für seine Ansicht die Ausdrücke wählt; so giebt er in der Strophe 9 „Tant sui apropchatz de la fi" „fi" durch „départ" wieder! —
Balaguer in seiner erst 1879 zu Madrid erschienenen „Historia de los trovadores" nimmt zwar von Diez' Ausführung und Urtheil über das in Rede stehende Gedicht Notiz, meint aber [1]): „Sus (Diez') razones no son, sin embargo, bastante sólidas para adquirir la conviccion qu'él tiene." Indessen macht, wie schon oben bemerkt, die Arbeit Balaguer's, wenigstens in Bezug auf unsern Troubadour, wohl kaum Anspruch darauf, eigene Ansichten zu vertreten; so theilt Balaguer z. B. von allen Gedichten unseres Wilhelm nur eines vollständig mit und dies ist — das fragliche „En aissi cum son plus car" (vgl. den folgenden Abschnitt). So dürfen wir denn wohl dieser oberflächlichen Beurtheilung von Diez' motivirter Meinung keinen Werth beimessen und, so schade es auch ist, nicht mehr von einem „Kreuzliede" des ältesten Troubadours, sondern nur von einem „Bussliede" desselben sprechen.

III. Abschnitt.

Das zweifelhafte Gedicht.

Das hier in Rede kommende Gedicht, dessen Unechtheit als ein Werk Wilhelm's IX. von Poitou ich für sicher

---

[1]) IV, p. 122.

halte, findet sich bei Raynouard (Lexique Roman I, p. 321). Mahn Werke I, 9, Holland & Keller p. 13. Wir haben es hier nicht, wie bei der früher auf Galvani's Autorität hin Wilhelm IX. zugeschriebenen Tenzone, mit einer eigenmächtigen Correctur eines Herausgebers zu thun, sondern eine Hs., und zwar eine der besten (C), nennt Wilhelm von Poitou, oder (im Register) Prebost von Valensa als Verfasser, während die anderen Hss., die dieses Gedicht enthalten, allerdings den Namen Uc's de San Circ als den des Dichters anführen. —

Was zunächst die Concurrenz Prebost's von Valensa betrifft, so ist über dieselbe wenig zu sagen: wir kennen diesen Dichter nur noch aus einer erhaltenen Tenzone mit Savaric von Mauléon [1]). Es ist also über Prebost's Styl, Wortschatz etc. kein Urtheil möglich, da wir zu einer solchen Untersuchung nicht Material genug besitzen. Vielmehr muss uns die Concurrenz Uc's de San Circ beschäftigen. Betrachten wir das fragliche Gedicht genauer, so fällt zuerst auf, dass es der Dichter Strophe 1 zweimal „chansos" und Strophe 4 „vers" nennt — ein neuer Beweis dafür, dass, wenn ein Unterschied [2]) zwischen „chansos" und „vers" wirklich bestand, derselbe dennoch von den Troubadours kaum beachtet wurde [3]). Nun heisst es in

[1]) cfr. Raynouard V. p. 366.
[2]) cfr. Diez. Poesie d. Troub. p. 104 ff.
[3]) cfr. den Vers aus einem Gedichte des Aimeric von Pegulhan (R. II, p. 178):

„Mantas vetz sui enqueritz
En cort, cossi vers no fatz
Per qu'ieu vuelh si' apelatz,
E sia lurs lo chauzitz,
Chanso o vers aquest chan;
Qu'om non troba ni sap devezir
Mas sol lo nom entre vers e chanso.

(p. 179) Qu'ieu ai motz mascles auzitz
En chansonetas assatz,

Uc's von San Circ provenzalischer Lebensbeschreibung, die in J enthalten ist: „Cansos fes de fort bonas e de bons sons e de bonas coblas; mas no fes gaires de las cansos, quar no fo enamoratz de neguna. Mas se sap feigner enamoratz ad ellas ab son bel parlar e sap ben dire en las soas cansos tot so que ill avenia de lor: e ben las sap levar e ben far cazer, quan el lo volia far ab los sieus vers et ab los sieus digz. Mas pois qu'el ac moiller non fetz cansos." Daraus glaube ich mit Rücksicht auf Inhalt und Ausdrucksweise unseres „En aissi cum son plus car" folgern zu können, dass das Lied hiernach recht wohl Uc de San Circ zugeschrieben werden kann, denn es macht ganz den Eindruck einer Dichtung von Jemand, der „nie in irgend eine Dame verliebt war", sich aber mit seinen schönen Worten verliebt zu stellen wusste.

Meine Hauptgründe indessen, welche mir ausser dieser allgemeinen Bemerkung für meine Ansicht, das in Rede stehende Gedicht sei ganz sicher von Uc de San Circ, zu sprechen scheinen, sind folgende:

1. Wird das Gedicht in sechs Hss. (A. D. D^c, H. I. K) übereinstimmend Uc von San Circ beigelegt und nur in einem Ms. (nämlich C) wird es dem Grafen von Poitou zugeschrieben, wobei obenein im Register dieser Hs. noch der Name Wilhelm's mit dem Prebost's von Valensa verwechselt wird[1]).

2. Kommt die Form des Gedichtes (zehnzeilige Strophe mit acht siebensilbigen und zwei zehnsilbigen Schlusszeilen der Anordnung a b b a c c d d e e mit durchgehenden Reimen)

       E mots feminius pauzatz
       En vers bos e grazitz;
       E cortz sonetz e cochans
       Ai ieu auzit en verses mans
       E chansos ai auzidas ab lonc so
       E'ls motz d'amdos d'un gran e'l chan d'un to.

[1]) In dem Register von C ist die Bemerkung „prebost de ualensa" von gleicher Hand roth geschrieben.

bei unserem Troubadour (s. Abschn. IV) nicht entfernt ähnlich vor. Diese Form ist vielmehr eine weitaus künstlichere, als die Lieder Wilhelm's solche im Allgemeinen zeigen, was auch der Wechsel zwischen Sieben-Silblern und Zehn-Silblern zeigt, Versarten, die bei Wilhelm entweder sehr selten, oder aber gar nicht vorkommen. Allerdings findet sich auch kein in der Form absolut mit „En aissi cum son plus car" übereinstimmendes Gedicht Uc's von San Circ (wenigstens in M. G. — der vollständigsten Sammlung), aber doch wenigstens ähnliche, z. B. M. G. 28 „Anc enemic qu'ieu agues", das ganz gleiche Reimordnung, nur durchgehends Sieben-Silbler zeigt. — Wilhelm's Versformen dagegen sind sich in drei [1]. von der Form des „En aissi cum son plus car" gänzlich verschiedenen, Grundformen ganz gleich.

3. Ist der Styl des fraglichen Gedichtes durchgebildeter und auf eine spätere Zeit, als die in der unser Troubadour dichtete, hinweisend, so finden sich insbesondere vielfach Antithesen:

Str. 2. sind „greus durs malstraytz cozens" den „plazens pessamens" gegenübergestellt;

Str. 3. „e fug e siec" — „e dezir e soan"

Str. 6. „Li mal son be" „e pro li dan";

„El' ira joys" — „e repaus l'afan" etc.

Zu diesen Gegensätzen finden sich nun in Uc's de San Circ Liebesliedern folgende Parallelausdrücke resp. Sätze: „greu maltrag" (R. III. p. 332, Str. 1, Z. 5)

„e m fug e siec" (R. III. p. 330, Str. 2, Z. 6);

ferner sind noch ganz übereinstimmend in unserem Gedichte: „auci dezirar" (Str. 5. Z. 1) — „auci dezirar" (R. V. p. 224. Str. 3, Z. 3); ferner die von späterern Troubadours so oft gebrauchte Adjectivcomposition: „humils francs" (die sich bei Wilhelm von Poitou nicht einmal findet) in dem fraglichen Liede St. 6, Z. 7 — Uc de San Circ (R.

---

[1]) Vgl. Abschnitt IV.

III. p. 332. Str. 1. Z. 2). Dann ist der Ausdruck in dem ganzen „En aissi cum son plus car" gesuchter, als wir es bei unserem Troubadour finden, was den Ausdruck seiner Wünsche der Geliebten gegenüber betrifft; vielmehr stimmt derselbe gänzlich mit der Art und Weise der Troubadours überein, welche Zeitgenossen Uc's de San Circ waren. So hätte beispielsweise Wilhelm von Poitou den Wunsch im fraglichen Gedicht (Str. 5):

    Mi puesca aitan leumens
    De vos donar, so que ieu li deman:
    Fin gaug entier, quals nolh vau demandan

entschieden ganz anders und zwar viel drastischer ausgedrückt:

vgl. VIII. Str. 4.   Si nom bayza'en cambr' o sotz ram
    IX. Str. 4.   Qu'aya mos mans sotz so mantelh.
    II. Str. 8.   Que'm tramezes del sieu estug
               La contraclau.
u. s. w.

4. Kommen in dem in Rede stehenden Gedichte Worte als Reime vor wie: esforsar, merceyar, guizardo, cozen, abelhir, soanar, entencio, honrar, faisso, sospeysso, derenan, captenemens, afan — die sich in Wilhelm's von Poitou Gedichten gar nicht wiederfinden, trotzdem dass X auf „ar" und „ir" ganz durchgereimt ist, und dass diese Reime auch in I und IX mehrfach vorkommen, Reime auf „ens" in I und XI sich mehrfach zeigen und „an" einer der durchgehenden Reime von IX ist.

5. Redet unser Troubadour in der Tornada (wo sich eine solche überhaupt findet) nie eine Dame an, während der Dichter des „En aissi cum son plus car" sich an eine Dame „Salvatge" wendet.

6. Lautet (und dies scheint mir der schlagendste Grund für meine Behauptung zu sein) Vers 1 unseres Gedichtes, verglichen mit einem Gedichte Uc's von San Circ, das sich R. V. p. 225 findet, also:

    „En aissi cum son plus car
    Que non solon mei cossir

E plus honrat mei dezir,
Dey plus plazens chanzos far;
E sieu tan plazen chanso
Fas, quon ay plazen raso,
Ben er ma chanzos plazeus
E guaya e avinens,
Quel dig el fag el ris el belh semblan
Son avinens de vos per cuy ieu chan."

und:

„Aissi cum es cuenda e guaya
E corteza e plazens
Et azauta totas gens
La belha de cuy ieu chan,
M'es ops que d'aital semblan
Cum ilh es, fassa chanso
Cuenda e guay' ab plazen razo.

Bei Vergleichung finden sich hier die ähnlichen Anfänge mit „aissi cum", das Spiel mit „chansos" und „ieu chan" und „semblan"; auch „plazens razos" ist ganz ähnlich verwendet und es erscheint die ganze Strophe des einen nur als eine Variation des andern mit beibehaltenen Schlagworten; nur spricht der Dichter in dem Parallelliede concret von der Geliebten, in unserem Liede aber abstract von dem Gedanken an sie — ein geringer Unterschied bei so vielen Uebereinstimmungen. Nun könnte gegen meine Annahme noch vorgebracht werden, dass Uc von San Circ vielleicht ein Lied Wilhelm's von Poitou — En aissi cum son plus car" gekannt und danach den Anfang seines: „Aissi cum es cuend e guaya" gedichtet habe. Einer solchen Annahme hoffe ich aber durch meine unter 2—5 aufgeführten Gründe genügend widersprechen zu können, und so dürfen wir wohl das fragliche Lied für ein Werk Uc's de San Circ halten, das in C Wilhelm von Poitou (od. Prebost von Valensa) aus Versehen beigelegt wird.

IV. Abschnitt.

Form, Metrisches und Styl.

Ich schicke diesem Abschnitte die Bemerkung voraus, dass ich der Kürze und Anschaulichkeit halber die Bezeichnungen „jambisch" und „trochaeisch" beibehalten habe, doch versteht es sich von selbst, dass diese Ausdrücke nicht im antiken Sinne zu nehmen sind. Es ist nach meiner Meinung von grossem Interesse, durch eine genauere Betrachtung der Lieder Wilhelm's von Poitou in formeller Beziehung darzulegen, dass, wenn unser Troubadour auch keine historische Persönlichkeit wäre, man doch nach der Form seiner Lieder seine Lebenszeit wenigstens annähernd würde datiren können, indem seine Dichtungen dem Untersuchenden genau die Zeit des Ueberganges aus der lyrischen Volks- in die lyrische Kunstpoesie anzeigen, und auf diese Periode als ihre Entstehungszeit hinweisen. — Sämmtliche Gedichte Wilhelm's zerfallen der Form nach in vier, oder, wenn man von dem Bussliede, als formell ganz alleinstehend, absieht, in drei Gruppen:

Gruppe I mit der Grundform, welche die Romanze (I) bietet; hierher gehören die Lieder I, II, III, IV;

Gruppe II, welche die drei ganz gleichen mit „Companho" anhebenden Lieder V, VI, VII[1]) enthält;

Gruppe III, repräsentirt durch die Kunstlieder unseres Troubadours, nämlich VIII, IX, X.

Sämmtliche Gedichte unsres Dichters haben männliche Reime, ausgenommen VIII (Farai chansoneta nueva): dieses ist zugleich das einzige Lied Wilhelm's in rims cars und

---

[1]) Nach der ganz gleichen Form, dem ganz gleichen Anfang und vor Allem nach dem sehr indelicaten Inhalte der Lieder der Gruppe II. wäre man versucht anzunehmen, dieselben seien an ein und denselben, vielleicht an einen vertrauten Freund gerichtet.

mit trochaeischem Falle (Gruppe II zeigt trochaeischen und jambischen Fall in jeder Zeile gemischt — s. daselbst.) — Gehen wir zunächst auf die numerisch stärkste Gruppe I ein; für diese ist, wie schon oben bemerkt, augenscheinlich I die Romanze das Original. Diese Romanze zeigt eine durchaus volksthümliche Form, die bereits Diez [1]) als solche erkannte. Er giebt an der betreffenden Stelle ein Beispiel für seine Behauptung in einer Keller's Romvart (I, p. 585) entnommenen Strophe, welche also lautet:

„Main se leva bele Aëliz
Dormez, jalous, ge vous en pri
Biau se parle, miex se vesti
Desoz le raim
Mignotement la voi venir
Tele que j'aiu."

Für das Alter dieser afrz. Strophe sprechen schon die Assonanzen. Ferner hat Bartsch [2]), Diez' Gedanken verfolgend, ebenso alte Beispiele auch für das Provenzalische beigebracht, indem er an genannter Stelle mehrere lateinische Lieder abdruckt, welche genau die obige Form zeigen, und in welchen die eingestreuten Halbzeilen provenzalisch abgefasst sind. Wir sind also zu der Annahme berechtigt, dass Wilhelm dieses volksthümliche Versmaass bereits vorfand und für seine Gedichte benutzte. Dass übrigens diese Romanze als Prototyp unserer ersten Gruppe anzusehen ist, beweist der Umstand, dass bei einer Reimordnung von a a b c b (bei von Strophe zu Strophe wechselnden Reimen) c ungebunden erscheint, wenn auch ein paar Mal sich ausnahmsweise (z. B. Strophe 4 und 8) c mit a gereimt zeigt. Diez spricht auf Grund des letzteren Factums aus [3]), dass, da ungebundene Reime in der provenzalischen Lyrik ohne Beispiel seien, der Reim von c und a wahrscheinlich durch schlechte Abschriften verloren gegangen sei. Ich möchte

[1]) Altrom. Sprachdenkm., p. 122.
[2]) Lemcke's Jahrbuch Bd. XII, Jahrg. 1871 p. 1 ff.
[3]) Leben und Werke, p. 10.

mich dieser Hypothese, so viel sie für sich hat, nach Vergleichung des gesammten Materiales der Hss. für dieses Lied nicht anschliessen, indem die hss. Ueberlieferungen mir nicht genügende Unterstützung für eine event. Reconstruction der Reime von c und a [1]) zu bieten scheinen. Vielmehr glaube ich, dass diese ungebundene Zeile ein Beweis nicht nur für das Alter dieses Gedichtes, sondern auch für dessen ganz volksmässige Form ist, indem dasselbe aus einer Zeit stammt, wo die provenzalische Lyrik — noch fast ausschliesslich Volkslyrik — sich dergleichen erlaubte, weil eben die Gesetze der späteren höfischen, Kunstlyrik noch nicht bestanden. Bei II und III zeigt sich dann schon insofern ein Fortschritt in kunstlyrischem Sinne, als bei völlig gleicher Form c gebunden erscheint, mithin sich das Schema a a a b a b ergiebt. Indessen genügte es unserem Troubadour auf die Dauer nicht genau in den vorhandenen volkslyrischen Formen weiter zu dichten, und so zeigt das letzte Gedicht dieser Gruppe No. IV eine — wenn auch unbedeutende und schüchterne — Veränderung in der Form insofern, als sich der Dichter eine Erweiterung derselben erlaubt und eine achtsilbige Zeile des Reimes a hinzufügt, was das Schema a a a a b a b giebt. Uebrigens wechseln in I die Reime regelmässig von Strophe zu Strophe, während bei II und III a auch von Strophe zu Strophe wechselt, b aber durch das ganze Gedicht hindurch beibehalten wird. In IV indessen zeigt sich schon, wie später mehr Sitte wurde, a nur nach je zwei Strophen wechselnd; b dagegen geht auch hier durch das ganze Gedicht hindurch. Wir sehen also, dass Gruppe I in ihrer Form noch ganz auf volksthümlicher Lyrik basirt, und in IV nur eine geringe Verbesserung in späterem kunstlyrischen Sinne durch unseren Troubadour erfährt. Auch der der Zeit nach Wilhelm IX. nahe stehende Troubadour Marcabrun bedient sich dieser volksthümlichen Strophe, aber allerdings

---

[1]) Oder c als durchgehenden Reim (Korn).

schon mit der Concession an die Kunstlyrik, dass die Reimordnung a b a b a b ist (durchgehends bei gleichen Reimen). Bartsch[1]) constatirt das häufige Vorkommen dieser Strophe, der Grundstrophe, wie sie I bietet, überall da, wo Kelten sassen.

Was die Lieder der Gruppe III, also VIII, IX und X anbelangt, so ist zunächst VIII seiner Form nach das Ergebniss eines ferneren Fortschrittes auf Grund der Urform der ersten Gruppe, welchen Wilhelm (oder auch Dichtergenossen seiner Zeit, von denen uns aber nichts erhalten ist) insofern machte, als er das Characteristicum der eingestreuten Vier-Silbler mit zwei Hebungen fortfallen liess und diese Zeilen zu je sieben, resp. acht Silben annahm, wodurch uns zuerst eine kunstlyrische Form entgegentritt. VIII trägt den Stempel der Kunstlyrik auch noch dadurch an sich, dass es — das einzige unter unsres Troubadours Gedichten — weibliche Reime zeigt und in sog. rims cars abgefasst ist. Die reimliche Zeilenordnung a a a b a b in diesem Gedicht ist (trotz Auffüllung der Halbzeilen also von b zu je einer sieben- resp. achtsilbigen Zeile) noch immer ganz dieselbe, wie solche die Lieder der Gruppe I aufweisen; dabei ist a jedesmal siebensilbig mit weiblichem Reime, b das erste Mal auch siebensilbig, das zweite Mal dagegen achtsilbig; der Reim von b ist indessen beide Male männlich. Für a haben wir die von Strophe zu Strophe wechselnden schweren Reime: „ueva, iure, onja, ori. ostre, emble", während b durchgehend „am" ist.

IX und X zeigen weitere Fortschritte bez. der Form in kunstlyrischem Sinne: Beide Gedichte haben durchgehend Acht-Silbler und in IX zeigt sich bei durchgehenden Reimen die folgende Reimverstellung: Strophe 1 und 2 — a a b c b c; Strophe 3, 4 und 5 — b b c a c a. Wir sehen also hier einen Anfang zu dem Gebrauche späterer Troubadours, die Reime in den verschiedenen Strophen umzu-

---

[1]) Vgl. Bartsch' citirten Aufsatz.

ordnen. Dieser Gebrauch wurde später immer mehr ausgedehnt, und liess endlich Arnaut Daniel bei der Sestine ankommen, wo dann keine weitere Ausbildung in diesem Sinne mehr möglich war. X ist, und zwar in dem Versschema a b b a a b in gleichen Reimen ganz durchgedichtet — ein kunstlyrisches Moment, das sich (abgesehen von Gruppe II) sonst in keinem Gedichte unseres Troubadours findet. Dass der Inhalt dieser Kunstlieder unsres Troubadours gleichfalls schon einen bedeutenden Fortschritt gegen seine in volksthümlicher Form geschriebenen Gedichte zeigt, indem in ihnen schon mehr der Geist höfischer Minne weht, ist bereits in Abschnitt II[1]) erörtert worden.

Die Lieder der Gruppe II betreffend, so sagt Diez [2]) von dem Versmaasse derselben: „dass es nur noch in einer alten Tenzone", sonst in der gesammten prov. Literatur gar nicht mehr vorkomme. Dass dies nicht ganz zutreffend ist, werden wir unten sehen. Die Zeilen der Gedichte dieser drei Lieder zeichnen sich dadurch aus, dass dieselben eine für die provenzalische Lyrik unerhörte Eigenschaft — die Caesur und zwar mit trochaeischem Fall vor derselben zeigen, während der Theil der Zeile nach der Caesur jambisch erscheint und auch durchweg auf männliche Reime schlesst. Die Strophen sind in allen drei, übrigens in der Form ganz gleichen, Gedichten dieser Gruppe je dreizeilig, auch die Hss. beginnen jede je dreizeilige Strophe mit grossen Initialen; jedoch ist die dritte Strophenzeile jedesmal um zwei Hebungen länger, als die beiden anderen Verszeilen. Ein Reim geht durch das ganze Gedicht hindurch, und die ersten zwei Zeilen haben je sechs, die letzten demnach je acht Hebungen; die Caesur scheidet Zeile 1 und 2 jedesmal in zwei ungleiche Hälften, deren erste aus vier, die zweite aber aus zwei Hebungen besteht, so dass, da die Caesur bald männlich bald weiblich in einem und demselben Ge-

---
[1]) p. 29 ff.
[2]) Altrom. Sprachdenkm., p. 123.

dichte erscheint, folgende Schemata für die ersten beiden Strophenzeilen anzusetzen sind:
1. ⏑ ⏑ ⏑ ⎮ ⏑ ⏑
z. B. V, Str. 1, Z. 1 Companho, tant ai agutz | d'avols conres
„   „ „ „ 2 Qu'ieu non puesc mudar non chan | e que no'm pes
etc. etc.
2. ⏑ ⏑ ⏑ ⏑ ⏑
z. B. VI, Str. 3 Z. 1 Dos cavalhs ai a ma selha, | beu e gen
„   „ „ „ 2 Bon son et ardit per armas | e valen.
Oder aber die Hss. zeigen auch das folgende Schema:
3. ⏑ ⏑ ⏑   ⏑
wofür indessen in sämmtlichen drei Gedichten sich nur die folgenden fünf Zeilen als Beleg finden:
VI, Str. 1, Z. 1 Companho farai un vers covinen.
„   „ 2, „ 2 O dins son cor voluntiers non l'apren.
VII. „ 2, „ 1 Diz que non volo prendre dreit ni lei.
  4, „ 2 E sera gran folia, qui nom crei.
„   „ 7, „ 1 Don ja negu de vos la'm desautrei.
während eine letzte mögliche Combination:
4. ̄ ⏑ ⏑ — ⏑ ⏑ ⏑
VII, Str. 5. Z. 1 Qu'eu anc non vi nulla donn' ab tan gran fei.
dadurch fortfällt, dass über die Caesur hinweg elidirt wird.

Da nun das Schema 3 (- ⏑ ⏑ -) sich nur in fünf von vierundzwanzig Zeilen vorfindet, und von diesen fünf die 3 des Gedichtes VII ganz augenscheinlich durch falsche Abschrift verstümmelt sind, so ist diese ganze Combination leicht auf einen Fehler in der Abschrift überhaupt reducirbar, um so mehr, als die Ausbesserung hier ganz leicht, ohne dem Text irgendwie Gewalt anzuthun, möglich [1]).

Anders, wie wir sogleich sehen werden, stellt es sich bei Zeile 3, derjenigen also, die, jedesmal einen Vers beschliessend, je acht Hebungen hat. Für diese ist das

---

[1]) Auch Bartsch Chr. p. 31—32 führt das von ihm dort gegebene Gedicht: „Compaigno non pose mudar, qu'eu nom effrei" in den Zeilen mit sechs Hebungen auf die Schemata 1 oder 2 zurück; R. H u. K thun dies noch nicht.

Schema: ⏑ ⏑ ⏑ ⏑ ⏑ — ⏑ ⏑ d. h. diese
Zeile ist durch die Caesur in zwei fast gleiche Hälften
getheilt, deren zweite jedoch catalectisch ist; doch zeigt
sich in dieser dritten Verszeile aber auch das Schema:
— ⏑ ⏑ ⏑ — ⏑ ⏑ d. h. so, dass beide Vers-
hälften ganz congruent sind — also die Caesur kann gleichfalls männlich oder weiblich sein. — die unbetonte Silbe
vor der Caesur zählt wie beim epischen Zehn-Silbler einfach
nicht mit. Diese dritten Verszeilen nun wären, ohne dem
Texte der Hss. Gewalt anzuthun, nicht auf eines oder das andere
der beiden angeführten Schemata rückführbar, um so mehr,
als von 23 solcher in V. VI und VII vorkommender dritter
Strophenzeilen sich 16 von weiblicher und 8 von männlicher
Caesur zeigen, also ein bedeutender Abstand gegen das
Verhältniss bei Zeile 1 und 2, wo 5 von 44 Zeilen die oben
besprochene, von mir als fehlerhaft bezeichnete Versbauart
hatten, von den 5 aber noch obenein 3 ganz ersichtlich als
fehlerhaft copirt zu betrachten sind, so dass das eigentliche
Verhältniss 2:44 lautet. Mit Rücksicht nun auf das nu-
merische Verhältniss sowohl bei den dritten Strophenzeilen,
als auch in Anbetracht, dass Verse wie:

VI, Str. 1, Z. 3 Et er totz meselatz d'amor, e de joy e de joven
,, 2, ,, 3 Greu partir si fai d'amor, qui l'atrob' a son talen
,, 3, ,, 3 Mas nols puesc amdos tener, que l'us l'autre no cossen

etc. etc.

durchaus nicht wie fehlerhaft erscheinen, müssten nach
meiner Meinung die dritten Strophenzeilen dieser drei
Gedichte ihre handschriftliche Form behalten. Ja, noch
mehr: ich halte diesen häufigen Wechsel zwischen männlicher und weiblicher Caesur für ein Zeichen des alterthüm-
lichen Characters dieser Dichtungen. Bartsch hat in seinem
oben citirten Aufsatz in Gröber's Zeitschrift den keltisch-
kymbrischen Ursprung dieses Metrums wahrscheinlich gemacht, sowie er auch darin nachweist, dass gerade dieses
Metrum, eines der ältesten und verbreitetsten in der Volks-
poesie, sich noch vielfach auch in den Gedichten späterer

Troubadours wiederfindet; nur ist es bei diesen durch einen resp. mehrere Binnenreime u. s. w. derartig ungewandelt worden, dass die Dichter selbst sich der Urform dieses Metrums nicht mehr bewusst waren. Also auch an der Wahl dieses Metrums von Seiten Wilhelm's IX. sehen wir, dass, wie bei der ersten Gruppe seiner Gedichte, unser Troubadour mit den Anfängen seiner Dichtungen noch gänzlich auf volksthümlichen Maassen fusste. Während er indessen die Maasse der Gruppe I, wenn auch nur gering, in kunstlyrischem Sinne änderte und in Gruppe III zu einem ganz kunstlyrischen Maasse gestaltete, liess er das Metrum der Gruppe II unverändert und ist dessen Umgestaltung zu kunstlyrischen Formen erst das Werk späterer Troubadours. Innerhalb dieser Gruppe finden sich übrigens in den Liedern V und VII resp. Eigenthümlichkeiten, die mir gleichfalls darauf hinzuweisen scheinen, dass Wilhelm, als er diese Lieder dichtete, sich noch ganz im Banne volksthümlicher Dichtung befand. Während nämlich in der provenzalischen Lyrik sonst sämmtliche Reime durchaus rein sind, zeigt sich in V bei unserem Troubadour eine ziemlich auffallende Abweichung von dieser Regel, indem von 17 Zeilen (die 18te ist in der Hs. defect) 8 die Endung „es" für den Reim, 9 dagegen die Reimendung „eis" zeigen, so zwar (conres, pes, res, es agues[1]), pres, espes, ses, peis, reis, esteis, sordeis, leis, creis, casteis, deveis, treis), dass, da diese Reime unregelmässig innerhalb der einzelnen Strophen wechseln, dieselben vielmehr nur als Assonanzen bezeichnet werden dürfen. Das Gedicht ist uns nur in einer Hs. (E) erhalten und es sind die reimtragenden Worte (s. o.) derartig, dass mir eine Herstellung des congruenten Reimes („es" ist von vornherein unmöglich!) auf „eis" nicht in der Möglichkeit zu liegen scheint; wenigstens ist eine solche bei pes, res, es (ag)ues unmöglich, während conreis, preis, espeis leicht gesetzt werden könnten. Auch Holland & Keller

---

[1] Wäre hierfür nicht ag ues (= ops lat) anzusetzen?

drucken dies Gedicht mit seinen reimlichen Unregelmässigkeiten ab. — Es liegt nahe, diese Reimfreiheit auf die Assonanz zurückzuführen, und dies ist insofern von grossem Interesse, als wir dann auch für das Provenzalische von dem ältesten Troubadour noch ein lyrisches Gedicht besitzen, bei dem noch Spuren von Assonanz statt absoluter Reimcongruenz sich zeigen. — Ferner bieten V und VII auch ganz auffallende Alliterationserscheinungen, welche in andern Gedichten unsres Troubadours so gut wie garnicht bemerkbar sind:

V. Z. 1 Companho — conres
  „   2 puesc - pes
  „   3 si dons - sordeis
  „ 11 peitz - pres
  „ 12 cons -- creis
  „ 13 creire -- casteis
    15 tailla — treis.

VII. „ 2 qu'ai — que vei
  „   6 l'us -- larga l'estaca — l'altre laile
  „   7 a quill - aital agrei
  „   9 meno -- major menada
  „ 12 neguna — non
  „ 14 prendre — plait
  „ 15 proessa — plaidei
    16 acarcat -- conrei
  „ 18 caval cumpra
  „ 20 vedava vi malavei.

Wenngleich nun auch diese Alliterationen keineswegs einer kunstgerechten Stabreimdichtung entsprechen, so wage ich doch andrerseits nicht mit Bestimmtheit zu behaupten, dass diese auffällige Menge von Alliterationen blosser Zufall seien: vielleicht steht deren Anwesenheit in directem Zusammenhange damit, dass die Versform der Gruppe II, als auf ein uraltes keltisches Metrum zurückgehend (nach Bartsch). Alliterationen erforderte, wovon bei Wilhelm noch Spuren zu Tage treten. --

Das Busslied endlich schliesst sich in seinem vierzeiligen Strophenbau ganz an kirchliche Gesänge an, wie an das älteste latein. Hymnenversmaass. In Raynouard Choix II. p. 111 ff. finden sich mehrere frühe romanische Kirchenpoesieen abgedruckt, welche alle die vierzeilige Strophe zeigen. Allerdings sind die Zeilen dieser Lieder meist 12-, 14- oder 16-silbig, aber auch 8-silbige, wie der Planh St. Esteve[1]) finden sich, und diese sind die älteren, den lateinischen Hymnen auch in der Dimension der Zeile entsprechend. Wenn nun auch in unserem Bussliede die Reimstellung a a a b ist (wobei b der durch das ganze Gedicht gehende Reim ist) und mir keine genau gleiche Reimanordnung bei Achtsilblern in Strophen bekannt ist — die meisten der von mir bei Raynouard angezogenen Lieder sind in allen vier Zeilen assonirend —, so kann man doch annehmen, dass Wilhelm für sein Busslied gerade diese vierzeilige Strophe gewählt habe, weil er einen gewissermassen kirchlichen, heiligen Gegenstand, seine Busse und Reue vor Gott besang. Der durchgehende Reim b dagegen ist wieder als kunstlyrisches Characteristicum für die Uebergangsperiode von der älteren kirchlichen zur kunstlyrischen Poesie der Troubadours aufzufassen. Merkwürdig ist jedenfalls, dass sich dieser einfache Strophenbau bei keinem bekannten Troubadour wiederfindet.

Fassen wir das über das Metrische in den Gedichten unseres Troubadours Gesagte zusammen, so springt klar in die Augen, dass wir an Wilhelm, da wir von keinem dichterischen Zeitgenossen Werke kennen, einen Theil der Stadien des Ueberganges der provenzalischen Lyrik aus einer volksmässigen zu einer höfischen verfolgen können. Da man ferner annehmen darf, dass Wilhelm, ehe er an die Erweiterungen der von ihm vorgefundenen volkslyrischen Formen dachte, zuerst in denselben dichtete, so glaube ich meine Anordnung der Gedichte unsres Troubadours in gewissem Sinne, soweit dies bei gänzlich mangelnden, inhaltlichen Anhaltepunkten möglich, als chronologisch bezeichnen

---

[1]) B. C. p. 22.

zu dürfen: I, II, III, IV, V, VI, VII sind die in volksthümlichen Strophen gedichteten — also frühesten Lieder Wilhelm's, während VIII, IX, X die verlassene, bewusst veränderte Dichtungsform kennzeichnen; XI endlich ist nach meinen in Abschnitt II gegebenen Anführungen wohl als Schwanengesang unseres Troubadours anzusehen. —
Die Bilder und Vergleiche, deren sich Wilhelm von Poitou in seinen Liedern bedient, sind meist. cynischschmutzig oder aber ziemlich hausbackener Art. So muthet es uns doch sonderbar an zu hören, dass er ohne seine Herrin nicht leben könne, so sehr habe ihn „Hunger" auf ihre Liebe ergriffen (VIII, Str. 2. Z. 5—6); oder dass er (VIII, Str. 6, Z. 1—2) aus Liebe zu seiner Herrin „friert und zittert" etc.; doch überwiegt die zuerst angeführte Categorie von Bildern und Vergleichen, worüber im Abschnitt II sattsam gehandelt wurde. Aber auch einige hübsche, poetisch angehauchte Stellen finden sich; z. B. IX ist ein kleines Meisterstück naiver provenzalischer Lyrik.

Von Wilhelm's Styl ist ferner nach dem Gesagten noch zu bemerken, dass sich derselbe zwar nicht durch hohen Schwung und poetische Empfindung auszeichnet — dies ist ja von provenzalischen Dichtern, denen immer nur die Form und Correctheit als das höchste galten, nur in sehr wenigen Fällen (Arnaut von Maruelh, Bernart von Ventador etc.) zu sagen — doch ist seine Ausdrucksweise verhältnissmässig glatt und seine Sprache bis auf einige Wendungen, die durch anstössige Bilder für den Leser dunkel werden, leicht fasslich, während seine Reimkunst dem Selbstlobe des Dichters entsprechend erscheint. Denn, wenn auch bei Wilhelm sich Freiheiten[1]) finden, wie der ungebundene Vers in I, die männliche und weibliche wechselnde Caesur der Gruppe II resp. der dadurch entstehende Ausfall einer Silbe in den letzten Strophenzeilen von V. VI

---

[1]) Wenigstens nach dem Begriffe, den wir in dieser Beziehung von einem provenzalischen Troubadour haben müssen.

und VII, sowie die besprochenen Assonanzen statt voller
Reime in V, so müssen wir eben annehmen, dass damals
die reimlichen und metrischen Gesetze noch nicht so entwickelt und eben erst aus der Volks- in die kunstmässige
Lyrik hinübergenommen waren. Man kann aus diesem
Grunde wohl nicht sagen, dass unser Troubadour die
reimlichen und metrischen Gesetze verletzte: dieselben bestanden eben damals noch nicht, und, wenn wir andrerseits
von Wilhelm ganz regelrechte kunstlyrische Gedichte, wie
VIII, IX, X besitzen, so ist dies von um so grösserem
Interesse insofern, als er gerade durch sein Schwanken
zwischen volksthümlichen Versarten und Kunststrophen in
seiner Poesie die Uebergangsperiode recht eigentlich kennzeichnet und anschaulich darlegt. Wilhelm gehörte demnach sicherlich mit zu den Begründern der später in der
provenzalischen Lyrik so streng gehandhabten Gesetze der
Metrik und des Reimes, welche sich übrigens mit grosser
Schnelligkeit entwickelt haben müssen, wofür der Umstand
spricht, dass die Lieder von Troubadours, die der Zeit
nach Wilhelm nicht allzufern stehen, wie Marcabru, Guiraud
le Roux, Cercamon und Bernart von Ventador bereits
völlig durchgebildeten metrischen Geschmack in provenzalisch-kunstlyrischem Sinne zeigen, ohne dass bei denselben
das entfernteste Schwanken in Bezug auf Form oder Reim
sich bemerklich macht.

Vita.

Unterzeichneter ist am 6. Mai 1847 zu Berlin geboren und erhielt seine Schulbildung ebendaselbst auf der Königl. Realschule, die er Michaelis 1867 mit dem Zeugniss der Reife verliess. Neigung zur Musik und eine leidliche stimmliche Begabung liessen denselben früh auf den Gedanken kommen, sich der Bühne als Opernsänger zu widmen. Er nahm daher, nachdem er 1867 seiner Militärpflicht genügt, ein erstes Engagement in Cöln a Rh. und später ein solches in Magdeburg an, war aber bald wegen eines stimmlichen Leidens gezwungen, seine sängerische Laufbahn aufzugeben. Vom October 1871 ab studirte Unterzeichneter in Berlin, wo ihn dann nach Wiedererlangung seines Organes ein Ruf seitens der General-Intendanz an das Königl. Opernhaus fesselte, welchem Institute er bis Frühling 1878, dem Termine seiner Verheirathung mit seiner Collegin Anna Hofmeister, angehörte, um dann mit seiner Gattin zugleich in den Verband der Hofoper zu Dresden einzutreten. In diesem Engagement wurde dem Unterzeichneten die Bühnen-Laufbahn gründlich verleidet, so dass er sich entschloss, die Bühnencarrière für immer aufzugeben, zumal sein Organ die Hoffnung nicht aufkommen liess, dass er je eine auch nur annähernd derjenigen seiner Frau gleichkommende Bedeutung beim Theater erringen würde. Er nahm daher die nie gänzlich aufgegebenen Studien im December 1880 an der Universität Leipzig wieder auf und spricht den Herren Professoren Ebert und Wülcker, sowie Herrn Dr. Birch-Hirschfeld hiermit seinen herzlichsten Dank für ihre überaus anregenden und fördernden Vorträge während seiner Studienzeit aus.

M. Sachse.